教師をやめたくなる前に読む本

楠木宏
HIROSHI KUSUKI

東洋館出版社

はじめに

教職という仕事が「公務員の中のブラック」と言われ、仕事の多忙さ、困難さ、賃金の問題が広く世間に周知されるようになりましたが、一向に改善される気配はありません。「働き方改革」という掛け声で少しは改善の方向に向かったのですが、残念ながらコロナ禍で吹き飛んでしまった様子です。さらに、教職希望者の減少、それに伴う教員不足など、教育界があまりよくない方向に向かっているのは事実です。

そのような背景の中、休職に追い込まれる教員が増えています。私の知っている学校でも1校に一人は休んでいます。よほど人が足りないのか、退職してしばらく経つ私の元にも、いまだに「○○校で先生が休まれた。代わりの人を探している。働いてもらえないか」と連絡が来るくらいです。

考えてみれば、私も在職中は、場面緘黙、ＡＤＨＤ、ＬＤなどの子どもの指導で悩んだり、過剰な要求をする保護者に対応したり、指導困難学級を多数担任したりして、「もう休んでしまおうか」と休職ギリギリまで追い込まれたことがありました。休まざるを得ない状況になった教員の多くは、優しく細やかな神経の持ち主の人が多いように思います。私が休まずに済んだのは、神経が図太く、鈍感だったからでしょうか。

私は、どちらかと言えば、あまり真面目でない性格に助けられたという側面もあるでしょう。しかし、周りの多くの人からの援助はもちろんですが、私がそれまでに得た知識や考え方によるところは大きい気がします。先輩方から聞いたいろいろな事例や、書物やネットの情報から「こうなったら、こうしよう」「こんな方法があるのか」と、自ら解決の方法を探ったり、自分の考え方を変えたりしながら、なんとか乗り越えてきました。

そこで、指導や職場環境について悩まれている多くの先生方の助けになればと思い、私がどうやって多くの困難を乗り越えてきたか、その方法を紹介することにしました。

本書は、今までの私の著書と重複する内容も含まれますが、「教師という仕事を続けるために日頃から心がけたいこと」という趣旨でまとめたものです。

もくじ

Chapter 2 振り回されない保護者対応

Chapter 3 こじらせない教師間トラブル

Chapter 4 自分を責めない思考回路

Chapter 1

崩壊させない学級づくり

教師が休職する一番の原因は、子どもたちとの関係の悪化、「教師の指示が通らない」「子どもたちが身勝手な行動をとる」などのいわゆる学級崩壊、または学級崩壊状態になってしまうことです。また、中には、「保護者の期待に添うような学習効果を上げられない」と言って、悩んでしまう真面目な先生もいます。

教師として、または管理職として、私はそのような状態になってしまった学級を多く見てきました。その経験から、一度学級崩壊状態になってしまうと回復するのに多くの努力が必要で、元に戻すのは非常に難しいと考えています。つまり、予防が大切なのです。そのような状態に陥らないように、日々の教育活動を行わなければなりません。

学級崩壊を防ぐチェックポイントに関しては、それだけで一冊できてしまうくらいたくさんありますし、拙著にもまとめましたので（『学級づくりこれだけ』参照）、ここでは基本だけ述べることにします。

1　大切にしたい学級開きの一週間

新しく子どもたちを迎えた学期始めの一週間は、学級担任として非常に重要です。「一年の計は元旦にあり」と言いますが、「一年の学級経営は、最初の一週間にあり」と言ってもいいくらいです。「黄金の3日間」と言われる人もいますが、私は3日間では短いと思いますので、一週間とします。なぜ重要なのかと言うと、学年が代わり新しい担任に期待と不安を抱いた子どもたちにとって、最初の一週間は強い印象づけの期間となるからです。

「今度の担任の先生は厳しいぞ」と思えば、子どもたちは気を引き締めます。「そうでもないな」と思えば、勝手な行動をする子どもが目立ち始めます。初めに厳しく指導しておき、後から緩くするのは比較的簡単ですが、初めに緩い指導をしてしまうと、後から規律の通った学級に戻すのは非常に難しいのです。ただし、あくまで「厳しく」であって、「怖く」ではありません。子どもたちを恐怖心でコントロールするようなことがあってはなりません。

学級開きの指導すべてを網羅することはできません

が、いくつか例を挙げましょう。

(1) 話を聞く姿勢に注目する

新学期は、子どもたちに話をすることが多いです。まず、聞く姿勢に注目しましょう。騒いでいる子どもたちがいて静かにならない時は、静かになるまで待ちます。指示や説明をしている時に話し始めた子どもがいた時は、すぐに話すのを止めます。その時に質問なのか、勝手な話なのか確認します。そして静かになるまで待ちます。当然、話はしばしば中断され、なかなか終わりません。子どもたちから「先生、まだなの?」と聞かれたら、「先生も早く終わりたいけど、終われないんだよ」と答えます。ここは教師の我慢です。

また、正しい姿勢を指導することももちろん必要です。目はどこを向くのか、背筋は伸ばしているのか、手はどこに置くのか等々。教師は、初めこそ姿勢に注意していますが、いろいろなことを話しているうちに、子どもたちの姿勢が崩れてきても結構気付かないものです。中には、顔は話をする人に向けていても、体が横を向いている子どももいます。当然、気持ちも横を向いています。

大切なのは、教師は忘れずにその都度注意することです。忙しい時期で、連絡したいことは山ほどあります。急いでいる気持ちも分かりますが、ここは我慢しましょう。

私は、姿勢が崩れた子どもが出るたびに「ほら、姿勢が崩れてきた子がいるよ」と言って注意します。我慢できずに手が上に出てきた子どもにも「手が動いているよ」と注意することを忘れません。

（2）指示を出しっぱなしにしない

これも教師の多忙のせいでしょうか。言いっ放しにする教師が多いようです。教師の指示が通らないようだと、授業が進みません。例を挙げましょう。

教　師「教科書を出しましょう。15ページを開けます」

そう言って、少し待ちます。それから、こう言います。

教　師「全員立ちます。今、机の上に教科書が出ていて、15ページを開いている人は座りなさい」

座れなかった子どもを前にして言います。

教　師「先生は指示をして少し待ちました。なぜできていないのかな？」

一人一人に近寄り、尋ねます。ここで叱る必要はありません。指示を聞いていないと自分が困るのだということを子ども自身が自覚すればよいのです。

指示を出す時は言いっ放しにはせず、その指示がきちんと通っているかどうかを確認しましょう。このような姿勢を見せることで、指示をなおざりにしてはいけないということを子どもたちが理解していくのです（詳しくは拙著「指示は1回」参照）。

また、指示は短く端的に出すことが重要です。指示が長いと、子どもは何を指示されているのか分かりませんし、忘れてしまいます。

（3）子どものこんな行動は危険信号！

次のような行動を見つけたら素早く注意します。一つ一つの行動は些細なことに思えるかもしれませんが、これらの行動の裏側には、周囲への思いやりや気遣いに欠けた自分本位の考えが隠れています。このようなサインを見逃したままにすると、身勝手な行動をとる子どもが増えてくることが予想されます。早い段階で注意をすることが大切なのです。

ただし、ここでも叱る必要はありません。なぜなら、そういう行動が今までの担任からは許されてきた可能性が高いからです。よくない行動だという自覚がないのに、いきなり教師に叱られたら、子どもは「なぜ？」と不思議に思ったり不満を感じたりします。初めて教えることだという意識で指導しましょう。

①物を雑に扱う

教科書やノートなどを机の上に出した時に「パン！」という大きな音が聞こえることがあります。そんな時は聞き逃さずにすぐに問いかけます。

教　師「あれ？　今の音は何かな？」

子ども「……」

教　師「大きな音が聞こえたから、先生は驚いたよ。大きな音を立てる必要はありません。大切な教科書が傷んでしまうから、静かに置きましょう」

また、プリントを配付した途端に、ガシャガシャと机の中に入れる子どももいます。

教　師「今の音は何ですか？」

子ども「Aさんが学級通信を丸めた音」
教　師「Aさん、それは家に届けるものですよ。丁寧に扱わないといけません」
子ども「どうせうちのお母さんは見ない」
教　師「見るか見ないかは、お母さんの責任です。君の役目は、学級通信をきちんと家に届けることです」

②「やりたくないなあ」などのマイナス発言

教　師「今の声は誰ですか？　『勉強やりたくないなあ』と聞こえたよ」
子ども「……」
教　師「そうだね。勉強嫌いな人は多いよね。先生も、小学生の時は勉強が嫌いでした」
ここで、教師の失敗エピソードをいくつか話してもいいでしょう。
子ども「えっ！　先生も？」

教　師「そうだよ。でも、嫌いだからと言って勉強しなかったら、先生はどうなっていたでしょうね」
子ども「先生にはなれなかったよ」
子ども「先生どころか他の仕事にもつけなかったんじゃない？」
教　師「そうだね。難しい漢字は読めなかったかもしれないな。」
子ども「僕は勉強好きだよ」
教　師「そういう人はえらいなあ。誰にでも嫌いなことはあるから、仕方ありません。でもそれを口に出すと、やりたいと思っている人の気持ちが削がれます。心の中で思うのは自由ですよ。心の中だけにとどめて、口には出さないようにしましょうね」

また、教師の指示に対して不満がある時に、わざと「ええっ！」と大きな声を出す子どももいます。

教　師「今日の算数の宿題は、計算ドリルの13ページから15ページです」
子ども「ええっ！」

教　師「何を驚いているのですか？　『ええ』とは『いい』という意味かな（方言で「よい」という意味の「ええ」）」

子ども「違う！　いかん、いかん」

教　師「だったら、ほかの言い方はありませんか？　それに、そんなに大きな声を出さなくても先生は聞こえていますよ」

子ども「家庭科の先生も宿題を出したので、今日の宿題は多いです。減らしてください」

教　師「上手に言えましたね。なるほど、そういうことでしたか。分かりました。では、宿題は13ページだけにします」

③挙手する時に「はいはいはい！」と何度も言う

教師に当ててもらいたいがために、何度も「はいはいはい！」と叫ぶ子どももいます。熱心に取り組んでいる姿であるとも言えますが、さらに子どもの心理に着目したいところです。

子ども「先生、わかった！　はいはいはい！」

教　師「では、Bさん」
子ども「答えは24です」
教　師「正解。さて、みなさんに問題です。今、Bさんは『はい』を何回言ったでしょうか？」
子ども「えっ！　3回です」
教　師「それも正解。先生はBさんが何度も『はい』と言うので、熱心さに負けて答えてもらいました。『はいはいはいはい』と何度も言うのは、熱心さのほかにどんな気持ちが入っていると思いますか？」
子ども「絶対当ててほしい」
子ども「ほかの人には当てないで」
教　師「勉強熱心なことはうれしいけれど、先生はほかの人も当てなければなりません。発表のチャンスはみんな平等です。今度から手を挙げる時は、『はい』は1回でいいですよ」
子ども「それに、うるさいよ」
教　師「そうだね。『はい』は1回、『はいはい』は赤ちゃんです（笑）」

この場面では、自分を当ててほしいという強い気持ちがあるゆえに、まわりの子の気持ちを考えずに、自己主張する姿が見えてきます。それ自体はさほど大きな問題には見えないかもしれませんが、このような姿を放っておくと、自分の気持ちしか考えられない子どもが増えてしまうのです。

④授業中にあくび

子どもの中には、授業中でも平気で大きなあくびをする子がいます。

教　師「今の声は何かな？」

子ども「Cさんのあくび」

教　師「あくびは自然現象だから、無理には止められないね。出てくるのは仕方ありません。でも、どちらのやり方がいいかな？」

1　腕を伸ばして、大きなあくびをする。

2　下を向いて手で押さえながら小さなあくびをする。

子ども「2だよ。エチケットだと思います」

子ども「1だと、わざとらしく見える」

教　師「そうだね。どうしてもあくびが出てしまう時は、手で押さえながらしましょう」

⑤人の発言に対して過剰に笑う

子どもの発言に対して、思わず笑いが出ることはあるでしょう。もしも本人が意図していなかった場合は、配慮が必要です。教師も笑ってしまったのであれば、きちんと謝ります。

「ごめんなさい。つい先生も笑ってしまいました。思わず笑ってしまうことはあるけれど、いつまでも笑っているのは失礼ですね」

もしいつまでも笑っている子どもがいたら、注意しましょう。

「あれ、そんなにいつまでも笑うことですか？　それは発言した人に対して失礼ですよ。やめなさい」

⑥人の発言の途中で口を挟む

Aさん「縦と横をかけると、面積が出るから……」

Bさん「違う方法があるよ」

教　師「Bさん、今はAさんが発表しているよ」

Bさん「……」

Aさん「……これで説明を終わります」

教　師「はい。Bさん、言いたいことがあったのかな？」

Bさん「僕なら……すると、簡単で早い」

教　師「なるほど、それもいい方法だ。よく考えましたね。それを早く言いたかったのだね。でも、さっきはAさんが発表していたのだから、終わるまで待たなければなりません。先生は、Bさんにもちゃんと発表の機会をつくるから、今度からは人の発表が終わるまで待つようにしましょうね」

タテとヨコをかけると…
えーと
はい！
別の方法があるよ！

⑦人の物をすぐに触る

最近は、触りたいと思ったら人の物でもすぐ手に取る、言いたいと思ったらすぐ言う、したいと思ったらすぐ行動するというように、自分の本能のまま行動する子どもが多くいるように感じます。中には、教室にある私の机に勝手に座り、黙って引き出しを開けた子どもがいて、驚いたことがあります。自制心が弱いというよりも、このような行動がそもそも悪いとは思っていないようです。まずは、不適切な行動であることをきちんと伝えましょう。

子どもが、私の机の上に置いてあった物を触りながら、こう言いました。
子ども「先生、これ何？」
教　師「その前に、それは先生の物ですよ。勝手に触っていいのかな？」
子ども「えっ！」
この時、子どもは「いけないの？」という驚いた顔をします。
子ども「……触ってもいいですか？」
教　師「上手に言えたね。これはガラス製のおもしです。置く時は、壊さないようにそっと置きます」

放課後か次の日には、子どもたちに向かって説明をしておきます。

教　師「これは先生の机です。この上に置いてある物は先生の物です。勝手に触ってはいけません。もし、どうしても手に取ってよく見たい時は、どうすればいいのですか？」

子ども「触ってもいいですかと先生に聞く」

教　師「その通り。また、先生の物だけではありません。友達の机の上にある物も同じですよ。人の物は勝手に触ってはいけません」

（4）子どもも教師も言葉遣いを大切に

①礼儀をわきまえた言葉遣い

最近の子どもには、教師にも友達のように話しかける子どもがたくさんいます。先生方にもそれぞれの方針があると思いますが、私の場合はきちんと注意をします。

子ども「先生、どこで理科するの？　理科室？」

教　師「あれ？　先生への質問の仕方は、それで合っていますか？」

子ども「……。先生、今日、理科はどこで勉強しますか？」
教　師「よく言えたね。今日は教室でします。これからもそのように言いましょうね」

②教師はポジティブな表現を

特に低学年の子どもに対しては、できるだけネガティブな表現はせず、基本的にはポジティブな表現をするように心掛けます。

・ドリルの提出が雑な時
揃えて出しなさい　↓　同じ向きで揃えて出す方が綺麗だよ
・物の扱いが乱暴な時
丁寧に扱いなさい　↓　こういうふうに使うといいよ（実際に見せる）
・給食中に立ち歩いている時
座って食べなさい　↓　食事中はみんなが座っている方がいいよね
・食器の片付け方が雑な時
食器は丁寧に置きなさい　↓　音を立てないで上手に片付けられるといいね

・水の入ったバケツを運んでいる時
　こぼさないでね　↓　上手に運ぼうね

　ただし、基本的にポジティブな表現をすると言っても、状況に応じた使い分けは必要です。最近、若い先生方を見ていて気になるのは、子どもに対する呼びかけがすべて「～しましょう」という語尾になっていることです。子どもの心情を汲んで丁寧に接するのはよいのですが、必要に応じて口調を強めたり、時には「～しなさい」という語尾を使ったりするなど、表現を使い分ける必要もあるでしょう。

　これに関しては、次節の「２『授業力』より『正しく叱る力』」で詳しく述べます。

(5) 当番の仕事は公平に

　学期初めの忙しい時ですが、給食や掃除などの当番は、「誰が何をする」というのをきちんと決めます。「１班は教室だから、役割分担は話し合って決めなさい」というようには子どもたちに丸投げすることはしません。それは、サボった子どもが誰か分かるようにするためと、一部の子どもが自分に都合のいい配分をするのを防ぐためです。もちろん子どもが自分たちで決められるほど成長している場合は別です。

集団を指導するにあたっては、「責任の所在をはっきりする」ということが、何事においても重要なことです。私が学級担任の時には「物は持って行った人が、持って帰ってくる」というルールをつくっていました。

私が勤務した多くの学校では、学級保管のボールというのがありました。このボールには、3年2組ならば「3―2」と記されていて、休み時間などに自由に使ってよいボールです。休み時間になると、ボール遊びをしたい元気な子どもたちがそれを持って、外に出ていきます。持って行くのは、だいたいクラスで一番元気な子どもです。しかし、チャイムが鳴るとボールを片付けるのが面倒になり、「最後に当てられた人が片付けることにしよう」などと勝手なルールをつくり、あまりボール遊びが得意でない子どもにボールを当てて、逃げ帰ってくることが多いものです。

すると、誰がボールに当てられたか分からない状態になった時には、誰もボールを片付けずに教室に帰っていて、運動場にボールが転がったままという事態も起きてしまいます。しかし、「物は持って行った人が、持って帰ってくる」というルールをつくると、そのようなことは防げます。また、力の強い子どもが命令して片付けさせるということも起きません（『学級づくりこれだけ』の「休み時間を楽しく過ごすためのルールを決める」参照）。

学級開きの時期は忙しく、連絡事項やしなければならないことがたくさんあって、ついつい次に進みたくなるでしょう。しかしながら、小さなことでも見逃さずに対応していくことが大切です。

2 「ほめる力」と「正しく叱る力」

(1) 基本はほめること

昔、ファーストフード店のCMで「スマイル0円」というのがありましたが、私は「教師はほめること0円」だと思っています。

・座っている姿勢を見て、「姿勢がいいね」（それを聞いたほかの子どもが姿勢を直します）

・電磁石のコイルを巻いていた時、「すごく綺麗だ。機械で巻いたみたいだね」

・発表の後、「声の大きさがいい。みんなによく聞こえるね」

基本は、とにかく何でもほめます。

自分のよさを評価してもらえるのはうれしいものです。子どもはやる気になるし、自分のよさに気づいてくれる先生が好きになります。また、ほかの子どもに対して、よい行動の強化にもつながります。子どものよいところを見つけて、みんなの前でほめる、それが模範的な行動を示すことになります。「○○しましょう」と言うよりも、子どもにとっては分かりやすいお手本となるのです。

ただし、あまりに大げさなほめ方だと、気恥ずかしくなって喜べない子どももいるので、あくまで自然にほめること。過剰な態度にならないように気をつけます。

(2) 教師にとって大切なのは「正しく叱る力」

学級崩壊を招く教師の多くは、要所要所できちんと注意できない教師です。学校教育では、子どもの言動や行動を注意したり、指摘したりする時の「正しく叱る力」がとても重要だと言えるでしょう。私は、それがなければ教師の適性がないとまで思っています。大学の講義でこの話をしたところ、「厳しく他人に接したことがないので、教師になった時に、子どもたちをしっかり注意できるか不安です」とレポートに書いてくる学生が多くいました。私は、キレキャラのタレントのように、のべつ幕無しに怒れというのではありません。「正しく叱る」というのは、大きな声で怒鳴ることではなく、必要な時にはきちんと指摘することです。

最近、力をもつ子どもの機嫌をとるというか、子どもにおもねる教師が少なくありません。すると、全体としてはまとまっているように見えますが、力の弱い子が我慢を強いられる学級になってしまいます。このような学級はいつか崩壊する危険性をはらんでいると言えるでしょう。

では、厳しく注意することが苦手という教師は、どうすればいいのでしょうか。やたら大きな声を出したり、怒鳴りつけたりする必要はありません。子どもに対峙するときに重要なことは、「決して引かない」ことです。

教　師「宿題をまだやっていないね。いつするのですか？」（プリントを渡す）
子ども「えー、やりたくない」
教　師「やらないと帰れないよ」

子ども「明日やるから」
教　師「いいえ、今日します」
子ども「こんなのしたくない！」（プリントを机から捨てる）
教　師「いいえ。宿題をしてから帰りましょう」（プリントを拾って渡す）
子どもの態度に対して感情的にならず、決して引かないことです。

話は変わりますが、年老いた父を連れて病院に行った時のことです。待合室で順番を待つ間に、ある雑誌を見ていました。たまたま仏像の特集であまり興味はなかったのですが、時間つぶしに読んでみました。すると、そこには子どもの指導に通じることが書かれていて、思わず読み入ってしまいました。次のような内容です。

キリスト教の神様は、キリストやマリア様。すがってお願いする神様です。イスラム教を代表する神様はアラー。力のある神様で、お願いしたり許しを請うたりする神様です。仏教はお釈迦様ですが、その他にもたくさんの仏様が仏像になっています。その仏像の中には、如来や菩薩のように穏やかな表情をたたえた仏様もいれば、その正反対で、阿修羅像や不動明王のような恐ろしい形相の仏様もいます。菩薩のような優しい仏様は、人々がすがるために仏像になっているのは分かりますが、どうして怖い仏像も存在するのでしょうか。人間の中には、物事についてあまり深く考えず、面白そうと思ったら感覚で動いてしまう烏合の衆がいます。怖い仏様は、烏合の衆が間違った道に動き出したら、「そっちに行ってはならない。悪い道だ」と止めて、人々を正しい道に導く仏様です。怖い仏像は、人々を煩悩から守るために存在しているのです。

教師も、いつもは優しく笑みをたたえて子どもたちの話を聞き、心の安定をもたらす存在であるべきです。しかし、ひとたび間違っていると思ったら、厳しい顔をしても止めなければならないのです。

(3) 付和雷同型の子どもには特に注意

考えなしで行動するような子どもが2、3人いると、学級経営は非常に難しいものになります。残念ながら、このような子どもたちは、どちらかと言えば本能で動くので、話して理解を求めることが難しい場合が多いものです。例を挙げましょう。

AさんとBさんがケンカしているところにCさんが加わり、Aさん対Bさん＆Cさんという構図になりました。

教　師「Aさん、どうしてBさんとケンカになったのかな？」

Aさん「僕が先にボールを取ったのに、後から横取りしてきたから」

Bさん「ボールを掴んだのは、ほとんど同時なのに、Aさんは自分が先だと言ったから」

教　師「Cさんは、どうしてAさんとケンカになったの？」

Cさん「……」

教　師「黙っていても分からないよ」

Cさん「Bさんと友達だから……」

ほとんどの場合、助けてあげるというより面白がって加わる子が多いものです。そこをきちんと見分けます。

教　師「それは理由にならないよ。君は直接関係ないのにケンカに加わったのだね」

子どもたちの前でケンカの原因を説明する時に、私ははっきりと言います。

「Aさんは先にボールを取ったと思っていたので、後からBさんに横取りされたと思いました。でも、Bさんはほとんど同時だと思っていたのでケンカになりました。それを見た

CさんがBさんを助けようとしてケンカに加わりました」

このような話し合いでは、子どもたちもよく分かっています。「Cさんは関係ないよね」という発言も出てきます。そこで、こう続けます。

教　師「今日起きたAさんとBさんのようなケンカはよくあります。学校は多くの人が生活するところだから、人と人がぶつかるのも仕方がないと思います。次にこのようなことが起こったら、どうすべきか話し合って解決していけばいいのです。でも、関係ない人が加わると、ケンカが大きくなっていくだけで解決にはなりませんね。関係ないのにケンカに加わった人に対して、先生は厳しく注意することもあります」

ケンカを面白がるような行為はよくないことだと、子どもたちにはっきりと伝えます。場合によっては、ケンカの当事者よりも厳しく注意する必要もあるでしょう。

Cさんに対しては、後で呼び出して話を聞き、今後ケンカを見かけたときにどうすれば

よいのか考えさせるようにします。

中には、すぐ興奮して暴れる子に対して、面白がって煽る子がいます。興奮しやすい子は、すぐには治りません。面白がって煽る子には、興奮して暴れた子よりも厳しく注意する必要があります。

3　子どものありのままを受け入れる

(1) 子どもに対してレッテルを貼らない

大学の講義で「新学年当初は、子どもには厳しく接する」という話をしたところ、学生のレポートに次の質問がありました。

「厳しく指導されたら、反発する子どもはいませんか？」

考えたら、たしかにそのような可能性はあります。しかし、思い返してみても、厳しく指導して学年当初から反発した子はいませんでした（後から反発した子はいましたが）。

その理由を考えたところ、次の結論に達しました。

・担任が代わり、この先生はこういう方法なのだと受け止めようとする。

・新しい担任に期待しているから、応えようとする。
・学年が上がったり、クラス替えがあったりして、状況の変化に順応しなければならないと思っている。

どの子ども（前の学年で難しいと言われていた子も含めて）も、新しい担任に期待をするとともに、適応しようと努力するものなのです。

逆に教師の方には、「この子は、前の学年で担任が苦労していたな」などのマイナス情報がたくさん入ってきます。どうしても、そういう色眼鏡で見てしまいがちです。そこは気をつけなければならない点です。よいところはよい、悪いところは悪いと、偏見をもたずに子どもを見ると、新しい発見があるものです。よいところはすかさずほめます。

では、子どもが「前の先生は違った。許してくれた」と言ってきたら、どうしたらよいのでしょうか。それには、まず教師の意図を伝えるべきでしょう。ある時、こんなことがありました。

給食の時間、「いただきます」の直後に、まだ飲んでいない牛乳パックを当たり前のように牛乳かごに返しに来る子がいました。牛乳アレルギーがあるとは聞いていません。私が怪訝な顔をすると、「前の担任の先生は、嫌いなものは無理して飲まなくてよいと言った」と言います。私は、「お家の人は知っているの？」と聞いたら、返事がありません。どうも勝手に残しているようです。そこで、「たしかにどうしても飲めないものは無理をしなくてもいいです。でも、給食はお家の人がお金を払っているのだから、初めから飲まないと決めるのはよくないと先生は思うよ。試してみて、どうしても飲めなかったら残したらいいです」と伝えると、渋々持って帰りました。結局、この子は全部飲みました。

なお、給食の指導に関しては、アレルギーはもちろんのこと、味覚が敏感な子どももいるので、無理に食べさせるのが適切ではない場合もあります。保護者と情報を共有し、子どもの安全を第一に考えましょう。

(2)「真面目にコツコツと取り組む子ども」と「要領がよい子ども」

教師は往々にして、「真面目にコツコツと取り組むこと」を是としがちです。反対に、「要領がよい子ども」には、時々イラッとしてしまうことはありませんか？　物事を手際よく処理できるのは長所ですが、それゆえに手を抜いているように見えることがあるかもしれません。どうして私たち日本人は、「真面目にコツコツと取り組む子ども」を高く評価するのでしょうか。

農耕民族は、春からコツコツと働けば、秋には一定の収穫が得られます。ただし、集団で働きますから、一人でも手を抜く者がいると全員が困ります。洪水や台風等で被害を受けることもありますが、それは人知ではどうにもならないことです。

それに対して、狩猟民族は、どの辺りに獲物がいるかが分からなければ収穫はありません。つまり、コツコツ真面目に働いても必ずしも収穫に結びつくとは限らないのです。彼らにとって重要なのは、真面目さより情報です。

欧米の人々は、情報を非常に重視します。第2次世界大戦では、日本の暗号を解いたり、レーダーを開発したりして、何より情報を集めました。それが勝敗を分けたという説もあります。

何千年と続いた農耕生活の歴史から、私たち日本人は「真面目にコツコツと取り組む人間」を是とすると考えられています。しかし、現代の日本では、第三次産業の就業者数が圧倒的に多いです。また、農業を含む第一次産業においても、例えば野菜の栽培や収穫をデータで管理するなど、情報をいかに活用するかという点が重視されています。つまり、真面目にコツコツと取り組むだけではなく、いかに効率的に情報を集めるかという点が求められるのです。

知識は、タブレット端末があれば瞬時に得られます。インターネットで検索すると、効率的な解決方法も見つかります。

「要領のよさ」も、新しい時代ならば優れた能力なのです。そのように考えれば、目の前の子どもにイラッとしてしまう気持ちも収まり、どの子も魅力的に見えてくるのではないでしょうか。

(3) 子どもに理想を求めすぎない

力量のある教師が陥りやすい学級崩壊もあります。それは、求めるものが高すぎて、子どもたちがついてこられずにふてくされてしまう場合と、教師が自分の無力さを感じて打ちひしがれてしまう場合です。

これから紹介するのは、私の失敗例です。

学校を異動してすぐに、6年生を担任しました。その当時、私は次のように国語の授業を進めていました。

①漢字や意味の分からないところを調べる。
②教材文をしっかり読んで、初発の感想を書く。
③子どもたちの初発の感想から、話し合いたいことを見いだす。
④本題に入っていく。

早速②からつまずいてしまいました。なんと、ほとんどの子どもが初発の感想をしっかりと書けないのです。中には書ける子もいますが、ほとんどの子どもは5、6行で、「もう書けない」「これ以上は無理」と言います。また、話し合う問題に対しても、ほとんどの子どもがポカンとしているだけで、自分の意見や考えをノートに書けません。

私は「6年生なのに、こんなこともできないのか。この子どもたちは今まで何を学んで

きたのか」と苛立ちにも似た思いをもちました。しかし、プリント学習だと黙々と進めるのです。やらなければならないことがはっきりと見えているからです。国語の授業のほとんどがプリント学習から入りました。

月日が経つうちに、私と子どもたちとの歯車が少しずつズレ始めてきました。しまいには、卒業式が早く来ないかなと思うくらいになりました。今から思えば、「こんなこともできないのか」とか「6年生にもなって、こんなことも分からないのか」という私の思いが態度に表れていたのでしょう。その態度に子どもたちが反発したのです。私が子どもたちのありのままを受け入れるという気持ちをもっていたならば、ズレは起こらなかったはずです。

子どものありのままを受け入れることから指導はスタートするのだと、強く感じた出来事でした。

(4) 反抗は子どもの心の裏返し

指導が難しい子どもを何度か担任しましたが、反抗的な態度は心の裏返しであることが多いということに後から気がつきました。こういう難しい子どもに接する時は、決して見放さないことが重要です。

ある学級に、指導が難しい子どもがいました。叱っても「ふん！」という感じです。どんな指導も効果がないので、しばらく放っておきました。すると、行動や態度がエスカレートし、ますます叱るという悪循環に陥りました。その時はわけが分からず、後から気がついたのですが、その子はそういう方法でしか私と接することができなかったのです。

では、どうしたらよいのでしょうか。

残念ながら、その子の行動に興奮することなく、見放すこともなく、根気強く見守っていくしかないのです。

4　居心地のよい学級にするために

(1) 子どもに要求したことは、教師も必ず守る

教師は子どもたちに対して、様々な要求や指示をします。子どもに要求したにもかかわらず教師自身が守らないと、子どもたちは見透かしてすぐにそっぽを向きます。低学年ならまだしも、高学年になると要注意です。

私は、授業に遅れてくることは厳しく注意しましたが、授業終わりのチャイムが鳴るとすぐに授業を止めるようにしました。私が授業の終わりをきちんと守るので、子どもたちも授業に遅れないよう気をつけるようになります。

子どもだけが一方的に守らされているような状況では、子どもにも不平不満がたまってきます。お互いに約束を守ることが、信頼を築くことにもつながるのです。

(2) 子どもと遊ぶ時間をつくろう

私のような高齢者には厳しいことですが、若い先生は子どもと一緒に遊ぶとよいでしょう。それだけで子どもたちを引きつけます。自分たちの担任は休み時間を一緒に過ごしてくれる。そのことを喜ぶ子どもは多いです。教師も休み時間の子どもの様子が分かるし、元気印の子どもも教師がいると勝手な行動はできません。

ただし、遊ぶ・遊ばないの決定権は教師の方にあります。

教　師「今日は、先生もサッカーをするぞ」

子ども「えー、やった！」

時には、子どもの誘いを断ることもあります。

子ども「先生、遊ぼうよ」

教　師「残念だけど、今日は次の理科の準備をしなければならないから無理なんだ」

授業の準備が疎かになるようでは本末転倒です。優先順位を考えながら、できる範囲で一緒に遊ぶ時間をつくりたいものです。

もちろん、子どもの中には、休み時間は一人で過ごしたいという子もいるでしょう。その気持ちは尊重し、無理に遊びに誘うようなことはしません。

（3）どの子どもも活躍できる場面をつくる

学校の目標はたくさんありますが、なんと言っても「学校は勉強するところ」です。ところが、その勉強が苦手な子どもにとっては、学年が上がるにつれて学校が居心地の悪いところになっていきます。勉強が面白くない子どもの中には、退屈するだけではなく、時には授業妨害をする子どもも出てきます。

私は常に、勉強の苦手な子どもを活躍させる場を

考えていました。例えば、体育が得意な子どもなら、体育での見本はいつもその子にさせました。図工でアイデアを出す子どもがいたら、どうやって思いついたか、みんなの前で話をさせました。

国語の授業で、ある子どもがとても突飛なことを言い出して、授業が大変盛り上がったことがありました。その子の意見は話の本筋からずれていたのですが、本人は決して引きません。子どもたちはその子を納得させようと、あの手この手と頭をひねって考えました。授業の終わりに、子どもたちは「先生、今日の授業は面白かったね」と言いました。私はすかさず、「どうして今日の授業は面白くなったのだと思う？」と聞きました。すると、「そうだ、Aさんがあんなことを言い出したからだ」と答えました。私は、「Aさんの意見は突飛だったけれども、それで授業がとても楽しくなったね。Aさんのおかげだな」と言って、大笑いになったことがありました。本人は照れ笑いをしながらも、満足そうでした。

(4) 時々静かな時間をつくる

授業でも、「はい」「はい」と意見がよく出る授業は、活発でよいとされがちです。発表したい子どもは、元気いっぱいで手を挙げます。

しかし、私は時々わざと静かにさせることがあります。クラスの雰囲気が浮ついている時に「ちょっと静かにしてみようか」と言って、しばらく無言にさせます。また、発表は多いのに意見が上滑りだと感じる時は、「今は真剣に考える時だ」と言って発表を遮り、時間を取って考えさせるようにします。

今の子どもたちは、朝から晩まで音に囲まれています。テレビの音、ゲーム機の音、YouTubeなどの音、ひょっとすると教師の声もそれら雑音の中の一つくらいとしか思っていないかもしれません。時々は無音の状態をつくり、静かに考える時間をつくると、子どもの心を安定させることができます。

(5) 子どもにおもねらない

特に高学年の場合ですが、影響力の強い子どもの意見に教師が振り回されることがあります。

Bさん「先生、ちょっと宿題多くない？　減らしてよ」

教　師「仕方ないなあ。今回だけだよ」

Bさん「やった！」
子ども「ありがとう！　Bさん」
　こんな場面もあるかもしれません。Bさんのような子どもの機嫌を取ると、クラスがうまく回ることがあります。中には、影響力のある子どもを利用して、学級経営をする教師もいます。この指導方法は、時には有効なこともありますが、常套手段として使うと学級にカーストをつくることになります。結果として、力のない子どもがクラスの端に追いやられたり、段々と担任の言うことを軽視するようになったりして、最後は学級経営がうまくいかなくなるのです。

(6) 真面目な子どもが損をしないように

　掃除や当番の指導にも通じるのですが、「真面目な子どもに損をさせない」ことや「ずるが通らないようにする」ことは、学級経営の上で重要な要素です。ずるいことをする子どもが得をするようでは、真面目な子どもがやる気をなくしてしまい、学級全体が崩れてきます。

　少し崩れかけた学級がありました。男子は給食の時にエプロンに着替えることもしません。掃除もきちんとしません。女子は、きちんとしたクラスにしたくて、そのことに不満を募らせていました。

ある日、授業が始まってすぐに、女子数人が職員室にやってきて言いました。

「先生、助けてください。男子が体操をきちんとしないで勝手なことをしています。私たちの言うことは聞きません」

私ともう一人の教師が体育館に入ると、多くの子どもがボールで遊んだり、追いかけっこをしたり、思い思いに勝手なことをしています。

「なにをやっているんだ」と声を出しかけた時に、担任が器具庫から出てきました。驚きました。担任はいないと思っていたら、器具庫で準備をしていたのです。

子どもたちは、私たちの姿を見てそそくさと並び始めました。そして、何とか体操を始めたのでした。

しかし、月日が経つうちに、女子もエプロンに着替えないで給食を運ぶようになり、ふ

ざけている男子に注意することもなくなりました。真面目な女子たちも愛想を尽かしたというか、きちんとすることが馬鹿らしくなってしまったのです。このように、真面目な子どもに「頑張っても報われない」という思いを抱かせてはいけません。

(7) ICT機器を活用しよう

ＧＩＧＡスクール構想に伴って、ＩＣＴ機器を使用する機会が増えています。これは、落ち着きのないクラスにも有効です。授業中、「どうも、最近子どもたちに落ち着きがないな」と思ったら、ＩＣＴ機器を積極的に活用しましょう。子どもたちはゲーム感覚で取り組めるので喜びます。また、個人で進める作業では、子どもはみな集中し、私語も減ります。授業の終わりには、集中して学習を進められたことをほめます。ただ、気をつけないといけないのが、教師の目を盗んで違うサイトを閲覧したり、チャットで他の子どもの悪口を書き込んだりすることです。ＩＣＴ機器の使用にあたっては、あらかじめルールやマナーをきちんと指導することが大切です。

ＩＣＴ機器に限らず、落ち着きのない子どもが多いクラスでは、活動の時間を十分にとることが有効です。体育・音楽・図工では説明はなるべく少なく活動を多く、英語では身体活動を増やす、理科では観察・実験を増やす、社会では調べ学習などを増やすなどして、じっと座っている時間を減らします。もちろん「活動あって学びなし」の状態に陥ることは避けなければなりません。活動をただ増やせばよいのではなく、あくまで学習目標を達成するために、どうすれば活動の時間を多くとれるかという視点で授業をデザインするようにしましょう。

(8) どうしても落ち着けない子には……

教室の中には、いわゆる発達障害の可能性がある子もいるでしょう。または、支援学級在籍の子が一部の教科や活動を一緒に行うことも多いと思います。時には、この子どもたちが大きな声を出したり、動き回ったりして、授業を中断せざるを得ないことがあります。このことが学級の落ち着きがなくなるきっかけになってしまうこともあるでしょう。そんな時はどうしたらいいのでしょうか。

学級に在籍する子どもなら、それは担任の仕事です。特別支援学級に所属する子どもなら、その担任と相談しましょう。どちらにも言えることですが、早め早めに対処することが大切です。大変だと思った時点で、教務主任や管理職に相談しましょう。人手が足りないようなら、人手の補充を依頼します。そのうち何とかしようと思っていると、どんどん事は大きくなります。大きくなってからだと、今度は「どうしてここまで放っておいたのだ」と注意されるでしょう。

まずは、落ち着いて学習できる工夫を日常的にしておくことです。

・学習課題はその子に合っているかどうか（難しい場合は、独自の課題をつくる。ほかに担当者がいる場合は、簡単に打ち合わせをする）。

・苦手なことへの環境整備を心掛ける（大きな音が苦手な子どもの場合…チャイムや放送の音量を下げる、大声を出さないようにする、机や椅子の動かし方にも注意するなど）。

これらは合理的配慮であり、常に心掛けなければなりません。それでも、突然大声を出すこともあります。そんな時は、否定的な受け取り方をしないようにします。教師が「何ですか！　大きな声を出して！」などとみんなの前で叱れば、周囲の子どもたちも同じような行動をとります。教師が悪い見本を示すようなものです。

「どうしたのかな？　大丈夫？」と穏やかに声掛けします。しかし、静かにしなければいけないことは伝えます。その子の近くで、穏やかな声で端的に「大きな声は出しません」

ときっぱりと指導します。どうしても不安定な時は、場所を移動させたり、または支援する人に対応してもらったりして落ち着かせます。

中には、突発的な行動はとらないけれど、常に喋ったり、体を動かしたりと落ち着かない子どももいます。いちいち大きな声で指導していると、全体の雰囲気が悪くなるし、授業も止まってしまいます。授業を続けながら、静かにするようにジェスチャーで合図をしたり、近くに行って姿勢を直したりします。中には、行動を抑えられるとかえってエスカレートする場合があります。ある程度は大目に見ることも必要です。

学級にいる子どもたち一人一人が違う人間です。画一的な指導で学級経営がうまくいくはずがありません。教師の予想通りにいかないのが当たり前だと思って、余裕のある心で子どもたちに向き合いましょう。

Chapter 2

振り回されない保護者対応

学級経営をうまく進めていくためには、子どもたちとの関係性と同じくらい、保護者との関係性も重要だと言えます。保護者が担任に対して信頼を寄せていないようだと、子どもたちにも保護者の考え方が伝わり、学級での指導効果が半減してしまうからです。

1 保護者は教師の味方？

私は、4月に新しい子どもたちを担任すると、「そもそも子どもは話を聞けないものだ」という前提で、話を聞く態度を指導していきます。

保護者対応についても同じで、「保護者は初めから担任の味方ではない」という前提で、学級経営をスタートするようにします。

(1) 全員が味方でなくてもいい

私が子どもの頃は、保護者のほぼ全員が学校の味方でした。保護者は学校や教師に全幅の信頼を寄せていたからです。少年時代の私は、学校で叱られても、家では絶対に親に言いませんでした。なぜなら「先生に叱られるなんて、学校で何をしたのか！」と、家でまた叱られるからです。

　ところが、最近は違います。学校で子どもを叱るとすぐに「うちの子が何をしたのですか？」と電話がかかってくる、そんなご時世です。

　次の構図で考えてみてください。昔の教師は、1クラス40人でも50人でも苦労なく学級経営を行えました。子どもの前にいるのは教師一人だけですが、その後ろから保護者全員が子どもを見守り、教師の後ろ盾をしてくれていたからです。

　最近は、すべての保護者が学校や教師を支援してくれているわけではありません。教師と共に指導の後ろ盾をしてくれる保護者は少なくなり、中には、子どもと一緒になって教師に対峙してくる保護者もいます。

　このことを自覚しているのとしていないのとで

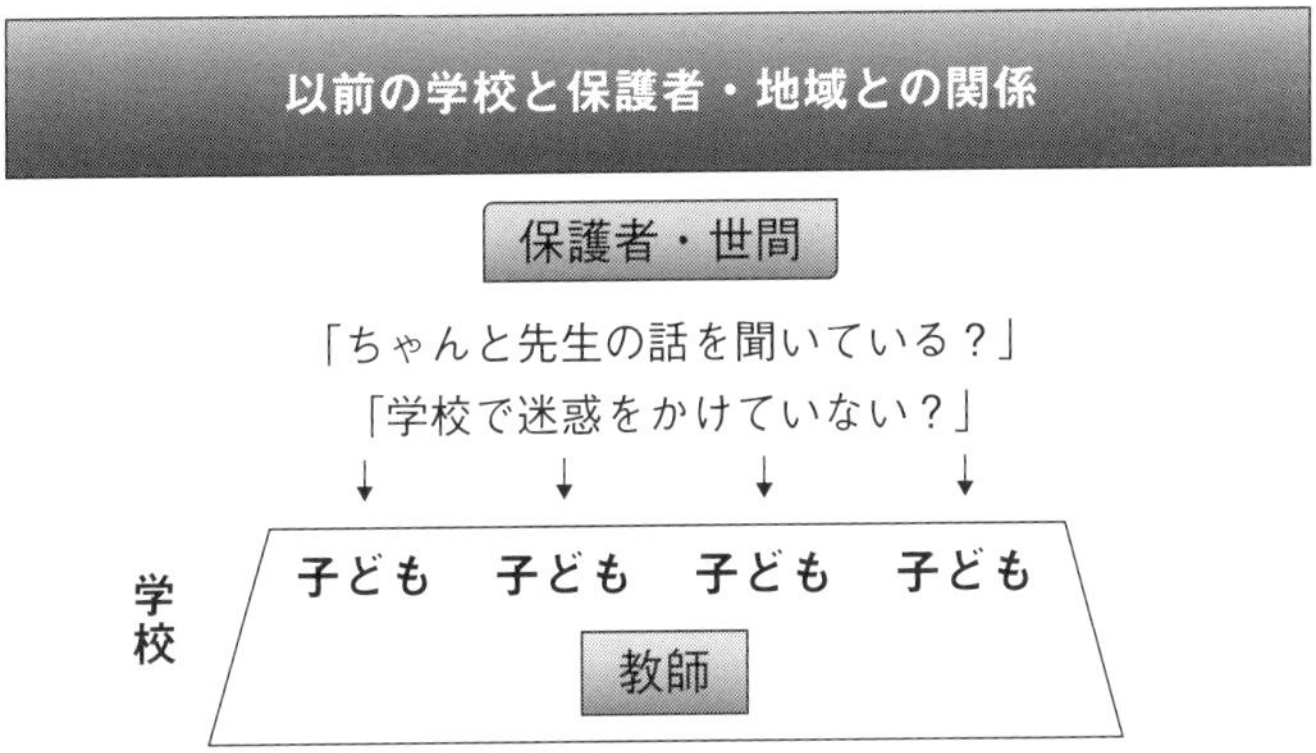

保護者・世間が学校の後ろ盾

は、学級経営に大きな違いが生まれます。保護者の中に担任・学校の味方を増やすことは、学級経営をうまくやっていくための重要な条件になります。できれば、味方をより早く、より多く増やしたいものです。

　では、どのくらいの数の保護者を味方につければよいのでしょうか。それについては、面白い話があります。私が若い頃の話です。

　放課後の職員室で「保護者の信頼を得るには」というテーマで、何人かの教師と話していました。

先　輩「君は、どのくらいの保護者に支持されたいの？」

私　「与党と同じで、過半数ではないです

現在の学校と保護者・地域との関係

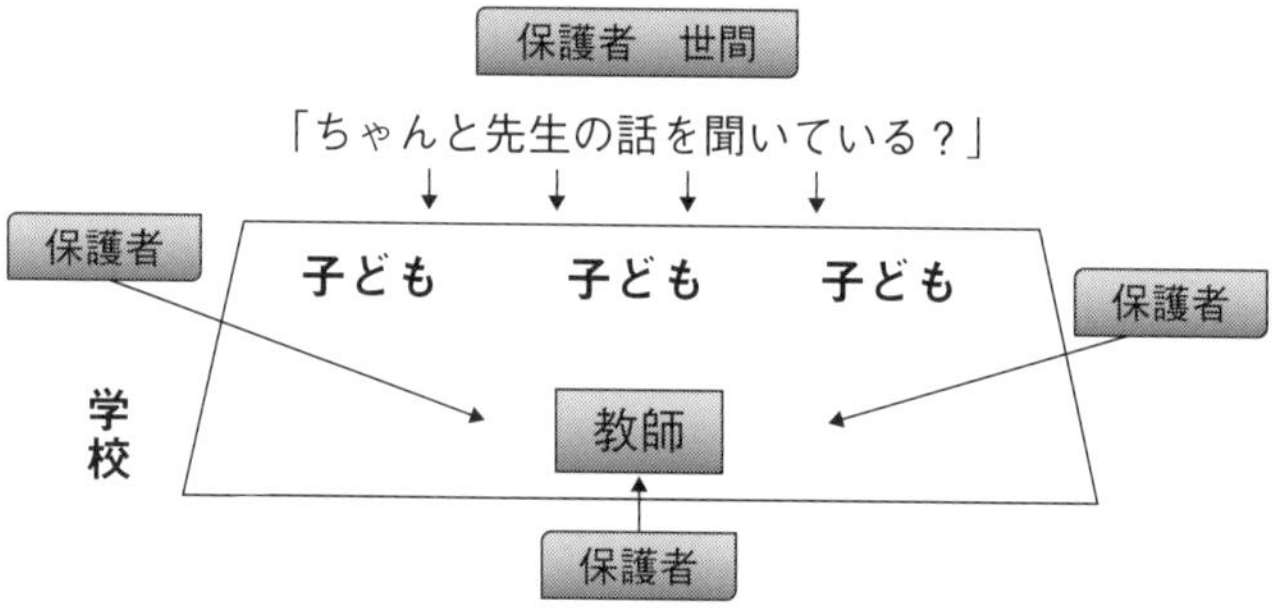

学校の後ろ盾としての保護者・世間が小さくなった

か。過半数の保護者に『この先生はよい』と支持してほしいものです。そうすれば学級運営もうまくいきませんか？」

先　輩「君は若いな。過半数は難しいよ。私は1／3でいいかな」

私　「えっ！　支持してくれる保護者がたった1／3なら、残りの2／3は担任に不満をもっているということですか？」

先　輩「いや、残りの内訳だけど、1／3は学校に無関心の保護者がいるのではないかと思う。つまり、1／3は支持してくれて、1／3は不満に思うとして、残り1／3はそもそも学校に関心がないんだ」

確かにこの先輩教師の言う通りです。学校に関心のない保護者は少なからずいます。過半数の保護者を味方につけようと考えるとハードルが高いですが、1／3で十分だと考えるとそんなに目標は高くありません。ちょっと気楽になります。まずは、1／3の保護者を味方につけることを考えていきましょう。

全員を味方にしたいという気持ちは分かりますが、味方ではない人が一定数はいるという割り切りも必要です。

（２）保護者の信頼を得る方法

当たり前と言えば当たり前ですが、日々の学級経営をきちんと行うことが、子どもたちだけではなく、保護者の信頼を得ることにもつながります。子どもが家に帰って「今度の先生は面白いよ」とか「授業が楽しいよ」などと話せば、保護者は安心するでしょう。「何を言っているか分からない」とか「先生、怒ってばかり」などと話せば、当然不安になります。

そのほかに、保護者に直接働きかける方法として、次のようなものもあります。

①学級通信やメールなどでＰＲ

首相の所信表明演説ではありませんが、教師の場合は学級通信などで教育方針や教育観を示すようにします。学級通信の内容としては、以下のようなものが挙げられます。

・教育方針
・学級経営の仕方
・これからの学習予定
・家庭で準備してほしいもの

・授業の様子や学級内で起こっていること（よいこと）
・教育に関係するニュース

さらに、学級通信には気をつけたい点があります。

○子どものよい行動は率先して紹介

例えば、授業中の発表や表彰されたことなど、子どものよい知らせは率先して紹介します。また、子どもの名前を載せる際には、同じ子どもが何度も載ることは避け、必ず全員一巡するように注意します。親は、学級の子どもが紹介されると、自分の子どもはいつ載るのかと期待するものです。確かに名前が挙がりにくい子どももいますが、その時はよい行動を見つけるまで根気強く見続けたり、授業で活躍する場面をつくったりします。ただし、「こういうことで通信に載せるよ」と子ども本人に伝え、事前に許可を取る必要があります。高学年の

場合、内容によっては嫌がる子どももいるからです。

○基本的に悪いことは載せない

たとえ名前を載せないとしても、「これは○○さんのことだ」と分かってしまうものなので、基本的に悪いことは載せません。ただし、例えば何かの事件に関連して注意喚起をしたい時や、「犯人は○○さんに違いない」という間違った噂が流れている時は、正しい情報を伝えるために、事実の経緯を載せることがあります。

昔、携帯電話が出始めた頃の話です。以前勤務していた学校では、子どもに携帯電話を持たせたいという保護者には、個々に対応していました。私は、一律の方法やきまりをつくり、保護者に知らせるべきだと主張しましたが、「話を広げたくない」との理由で却下されました。しかし、今は情報化社会です。小さなことでも、すぐに保護者の間にラインやメールが流れていると意識しなければなりません。何事も誤解が広がる前に、先手を打って知らせておくことが大切です。

巻末付録に、学級通信の文例を紹介していますので、参考にしてみてください。

②できるだけ会って話をする

電話や学級通信では、なかなか伝わりにくいことでも、会って話をすると意外に理解してもらえることがよくあります。何より言葉だけでは得られない情報、表情や雰囲気が伝わるからでしょう。私は、できるだけ保護者と会って話をするようにしていました。

夏休みのプール開放の時、態度が悪く、水泳監視員に叱られた子どもの保護者から苦情の電話がありました。子ども自身は、指示に従わなかったとか、勝手な行動をしたなどの不利な情報を親に伝えていないのです。早速、担当者から叱った理由を聞き取り、夜、自宅まで説明に行きました。お父さんは晩酌にビールを飲んでいたこともあり、最初は厳しい顔をしていましたが、話しているうちに打ち解けることができました。

最後は、「先生、ビール飲んでいくか？」と誘われましたが、車で来たのでお断りしました。帰りには、その子どもを玄関に呼び出して「いい先生じゃないか」とも言ってもらえました。それから、その子の指導がしやすくなったのは、言うまでもありません。

ただし、学校のある地域や、その家庭の事情など、様々な要因が関係するため、同じ方法で必ずしもうまくいくとは限らないでしょう。いずれにせよ、誤解を解きたい時には、直接話をするのが効果的です。

昨今減りつつある家庭訪問ですが、直接会う機会をもつという点では価値があると私は思います。

2 大切なのは「伝え方」

(1) まずは子ども自身が親に伝える

時には、教室でふざけていてガラスを割った、友達とケンカをして怪我をさせたなど、どうしても保護者に報告しなければならないことがあります。ほとんどの教師は、夕方保護者が家にいる頃を見計らって、電話をして事の子細を伝えるでしょう。私はこのような場合は、子どもに次のように言います。

教　師「このことは、お家の人に伝えなければなりません。でも、急に先生が電話をするとお家の人も驚くでしょう。まず、自分から

お家の人に正直に話してごらん。先生は夜8時に電話するから、それまでに話しておくんだよ」

保護者の対応は次の3パターンです。

①保護者が家に帰るや否やすぐに学校に謝りの連絡が来る

おそらく、子どもは親の帰宅を待ち構えて話をしたのでしょう。

②8時に電話をすると、すぐに謝りの言葉が返ってくる

子どもは、8時ギリギリまで言えなかったのでしょう。「今、聞きました。すみません」と言われることが多いです。

③8時に電話をしても「何のことですか？」と聞かれる

その場合は、「おかしいですね。8時に電話をするから、まず自分から話すようにと言ったのですが。本人に聞いてみてください」と言って一旦電話を切ります。すると、しばらくして連絡があり、「すみません。今聞きました。しっかり叱りました」と言われます。

私が、なぜこんな面倒な方法を取るかというと、結果としてこの方がスムーズに解決するからです。何も知らない保護者に直接電話をすると、ほとんどの保護者は驚いて子どもを呼び、詳細を問い詰めます。中には「僕は見ていただけ」とか「一緒にその場にいただけ」などと言い訳をする子どももいるでしょう。保護者の多くは、子どもを信用してあげたいので、「教師の情報には間違いがある」と考えます。そして、「先生、うちの子どもはその場にいただけと言っていますが」というように答え、教師と保護者の間に溝が生まれてしまうのです。しかし、自分の子どもがポツポツとでも話をすると、「あっ！　何か悪いことをしたな」とか「自分の子どもが関わっているな」と感じ取り、保護者も覚悟ができます。

また、子どもが勇気を出して自分から申告したら、そのことはきちんとほめましょう。保護者にも、正直に話したことはほめてあげるように伝えます。子どもが自分から伝える時間を設けることで、叱るだけではなく、ほめるポイントもつくることができるのです。

(2) 子どもの問題行動を伝える時は

子どもの行動について保護者に話をする時には注意が必要です。これは実証的なデータがあるわけではないのですが、保護者の考え方について私自身が気づいたことがあります。

私たち教師は、子どもの行動について、よい点、悪い点を含めて話をする機会がありま す。よい点については問題がないのですが、悪い点や直してほしい点を伝える時には、受け取る保護者の考え方が、以前に比べて変化してきたように感じるのです。

最近の保護者は、子どもの問題行動について報告を受けた時に、「そうか、直していくように気をつけないと」と思うのではなく、「うちの子育ての何が悪いの？」とか「子育ての方法にケチを付けられた」と感じる人が増えてきたのではないかと感じます。もちろん教師としては、保護者の育児方針にケチをつけるつもりなどないわけですが、そのように受け取られる可能性があるということを意識しておかなければなりません。「こういうことがあるから、気をつけなさいよ」という伝え方だと、上から目線に感じられるでしょう。「お子さんのよりよい成長のために一緒に考えましょう」というスタンスで話すように心掛けることが大切です。

また、子どもの行動に対して、例えば「乱暴だ」というような主観的な言葉は避けて、できるだけ事実を客観的に時系列で伝えるようにします。

例えば、次のような伝え方だと、どのように感じるでしょうか？

お宅のBさんはいつも乱暴で、この日も何もしないAさんに手を出して殴り合いになりました。

「乱暴」だと決めつけているような印象で、Bさんの保護者は不快に感じるに違いありません。では、次のような伝え方では、どのように感じるでしょうか？

子どもたちの話では、廊下でAさんとBさんがすれ違った時に、BさんがAさんの肩に当たったそうです。Bさんに理由を聞いたら「なんとなく」と言いました。Aさんが怒って、Bさんの肩をたたきました。それに対して、BさんがAさんのお腹を殴りました。その後は、2人の殴り合いになったそうです。

　このような報告の仕方だと、客観的な事実だけが伝わります。教師の主観を差し挟まず、まずは状況をなるべく正確に伝えるように心掛けます。

3　火は小さい内に消す

(1) 予防策は徹底的に

　4年生の終わり頃から、数人の子どもたちが面白がって授業を脱走するクラスがありました。そのたびに、教師や管理職が子どもたちを捕まえて、教室に戻していました。当然、授業は落ち着きません。被害を受けたのは、真面目に授業を受けたい子どもたちです。そのままの状態で3学期が終わりました。

　5年生になり、クラス替えはしたものの、また同じようなことが起きる可能性は十分あります。春休み中に学校全体で話し合って、次のように体制を決めました。

①授業中に抜け出した子どもは、その教室には戻さない。空き教室に対応できる学習部屋を作り、下校までそこで学習及び給食の時間を過ごす。

②空き時間の教師は職員室で待機して、逃げ出した子どもがいた場合、探して学習部屋で

面倒をみる。

③4月すぐに「緊急保護者懇談会」を行い、5年生の保護者に経緯を説明する。

5年生になり、一クラスを私が担任することになりました。もう一クラスはベテランの女性教師が担任です。まず、始業式に子どもたちを一箇所に集めて説明しました。

私　「去年、4年生の時に、多くの人が授業中に抜け出しました。抜け出した人はきちんと勉強していないし、他の人も騒がしくて授業に集中できませんでした。これは、みんなが迷惑することです。そこで、今年は、学校できまりをつくりました。

①一度でも教室を抜け出した人は、教室には戻りません。空き教室を一つ、春休みに先生たちで片付けました。その学習部屋で勉強します。教科書は全部用意しました。他の先生がきちんと教えてくれます。

②給食もそこで食べます。帰りの会もそこでします。一度でも教室を抜けたら、その日は教室には戻れません」

子ども「えっ！　教室には入れないの？」

私　「はい、その日はね」

子ども「次の日はいいの？」
私「次の日はいいよ。でも一度でも抜け出したら、その日は教室には戻れません」
子ども「給食もその教室？」
私「そうだよ。でも他の先生がきちんとついてくれているから安心していいよ」
子ども「……」

子どもたちも教師の本気度を感じたようでした。

早速、「緊急保護者懇談会」を開いて、保護者にも同じことを説明しました。保護者は、去年、授業中に抜け出した子どもがたくさんいて、授業が落ち着かなかったことは知っています。

保護者A「大賛成です」
保護者B「今年こそは、落ちついて学習させてほしいです」
保護者C「ぜひ、この方法でお願いしたい」

残念ながら、逃げ出した子どもの保護者のほとんどは来ていませんでした。

早速、翌日の学級通信で、昨夜の保護者会で多くの賛成をいただいたこと、今年はこの方法で行っていくことを報告しました。

5年生の保護者の皆様

先日はお仕事でお疲れの中、多数お集まりくださり感謝いたします。5年生の子どもたちの中には、去年、授業中に抜け出した子どもが多くいます。そのような状況では、落ち着いた授業ができません。抜け出した子どもたちだけでなく、周りの子どもたちの中にもきちんと学習ができていない子どもが多くいます。その点は、学校としてお詫びいたします。

そこで、今年は子どもたちの学習を保障するために、次の提案をさせていただきました。

1．授業途中に抜け出した児童は、その日は教室には戻しません。下校まで学習部屋で学習及び給食の時間を過ごします。

2．逃げ出した児童がいた場合、待機していた教師が学習部屋で学習の面倒をみます。

※空き教室を一つ片付けて、教科書やノートなどを置き、落ち着いて学習できる学習部屋を作りました。

参加していただいた保護者の皆様からは、「落ち着いて学習させてほしい」「大賛成だ」という意見を多くいただいたため、上記の方法で進めさせていただきます。また、ご家庭でも、学習の大切さを子どもたちに話していただき、学校にご協力いただきますよう、お願いいたします。

もちろん、5年生の担任として、面白い授業や楽しい行事を心掛けました。結局、その一年間、授業途中の脱走は一人も出ませんでした。学習部屋は一度も使われることなく、準備は無駄になってしまいましたが、これは喜ばしいことでしょう。

(2) 隠さずに協力要請

子どもたちの様子を見ていて「おかしいぞ」と感じたら、隠さず保護者に連絡して、協力を求めることも必要です。隠せば隠すほど事態は大きくなります。「恥ずかしい」「情けない」「自分の力量が足りない」と思わず、早く情報公開するべきです。

学校が荒れてしまった際に、学校の職員だけで立て直そうとした学校と、積極的に保護者に公開して支援を求めた学校とでは、後者の方が早く落ち着いたという例もあります。

5年生の時、ある担任教師は細かい指導を行わず、子どもたちの勝手な行動を許してしまっていました。学習態度や当番活動をきちんとすることなども、まったく身についていないため、他の組の担任は困っていました。

6年生に上がる際にクラス替えをしましたが、新しい6年生の担任たちは、年度当初の指導について次のように相談しました。

①指導方針は学年で揃える。A組では許されて、B組では許されないというような、クラスで異なる指導はしない。
②中学校への進学も見据えて、学習や当番活動は厳しく指導していく。
③子どもたちが活躍できる場面をできるだけ多くつくる。

子どもたちは、私たち6年生の担任が厳しい指導をしていても、初めは緊張もあってか従っていました。しかし、ある日、子どもが私に言いました。

「今年の先生たちは、なんでこんなに厳しいの！去年はもっと自由にさせてくれたのに」

こういう発言をするのは、力の強い子どもたちです。去年は身勝手な行動がまかり通っていたのに、今年は思い通りにならないので不満に思っているのです。しかし、教師はこの力の強い子どもたちの陰で、我慢をしていた子どもたちがいたことも忘れてはいけません。

表立って言えない子どもたちからは、「今年は勝手なことをする人がいなくていい。勉強も落ち着いてできる」という声も耳に入っています。

頭ごなしに要求しても不満が募るだけだろうと、6年生全員を集めて説明しました。

厳しすぎー
むしろ平和になって
よかったよね

・「自由」と「勝手な行動」は違うこと

・高学年の学習がきちんと身についていないと、中学校で困ること
・小学校のきまりが守れなくては、中学校のきまりも守れないこと
・当番はみんながしなければならないこと

子どもたちは、神妙な顔をして聞いていました。そして、早速保護者向けの学級通信を配りました。

保護者の皆様にお願い

6年生担任団

6年生を担任させていただき、約ひと月が過ぎました。今回、6年生の担任団より保護者の皆様にお願いがあります。それは、私たちの指導について、お子さんと話し合っていただきたいのです。

この学年には、去年、落ち着かない状況だったクラスがあります。その間の学習に不安

のある子もいると思います。また、自由な行動が当たり前になってしまった子どももいます。このままでは中学校で子どもたちが苦労するのは目に見えています。中学校では、今よりも学習スピードが速くなり、厳しい部活動や生活指導も待っています。

実際に、高学年でクラスが落ち着かず、きちんと学習できなかった子どもたちが中学校での学習で大変苦労したという話を知っています。この高学年の学習は、中学校への基礎となるものです。特に5、6年生の算数は非常に重要です。また、6年生の理科、社会科が楽しく学習できていれば、スムーズに中学校への橋渡しができます。

そこで、6年生では、このことを踏まえ、学習や当番活動を厳しく指導してきたつもりですが、残念ながら、雰囲気が180度変わったので、私たちの指導に不満を抱いている子どもがいることが分かりました。

「今年の先生たちは、なんでこんなに厳しいの！　去年はもっと自由にさせてくれたよ」と言う子どももいます。もちろん「やっと落ち着いて勉強できる」と喜んでいる子どももたくさんいます。私たちは、子どもたちが悪いとは思っていません。急に指導方針が変わったので、戸惑うのは仕方がないと思います。説明不足があったことも重々承知しています。しかし、このままでは、子どもたちが困るのが目に見えているので、放っておくわけにはいかないのです。

私たちの指導方法について、一度ご家庭でお子さんと話し合っていただけると助かります。中学校での学習で子どもたちが苦労しないように、保護者の皆様にご協力をお願いいたします。また、よろしければ6年生の指導について、保護者の皆様からもご意見をください。

保護者からは、「今のままでよい」「中学校で戸惑うといけないから、今のうちに厳しくお願いします」という意見をたくさんいただきました。このような時は、状況を積極的に保護者に知らせて、子どもに目を向けてもらうようにします。教師にとっては、保護者は大きな味方になるでしょう。

ちなみに、私たちの指導を厳しいと言っている子どもたちは、親に通信を見せていないし、家でも話していない様子でした。話せば自分が不利になるのが分かっているからです。これは想定内の展開です。たとえ親には見せられなくても、子どもたち自身が教師からのメッセージを受け取ったことでしょう。

不満を言っていた子どもたちは、元気のありあまる子どもたちです。これ以後、そのエネルギーをバスケットボールの対校試合や市内陸上競技大会の練習に向けさせ、よい結果を残すことができました。

4　範囲外のことには手を出さない

教師の仕事の範囲は曖昧です。学校内では、教科指導に限らず、給食や掃除などの日常的な指導もします。学校外では登下校、はたまた家庭生活にまで指導が及ぶこともあります。言い換えれば、教師が仕事を呼び込んでしまうことがあるのです。キリのない仕事の中で、私は一つだけはっきりと線を引いていることがあります。それは、登下校を除く学校外のことや家庭内で起こったことについては、教師の仕事ではないとはっきり線引きするということです（詳しくは拙著『教師の仕事ここまで！』の「労働範囲に線引きするために」を参照）。

5 苦手なタイプの保護者でも

苦手なタイプというのは、誰にでもあるものです。教師も人間ですから、例外ではありません。苦手なタイプの保護者と接することは、心理的負担も大きいでしょう。近寄りがたかったり、あまり関わりたくなかったりして、少し距離を取ってしまうものです。しかし、ちょっとしたことで、その考えが大きく変わる瞬間があります。こんなことがありました。

4月、私はある女の子を担任することになりました。いろいろと問題を起こす兄がいました。学校に呼び出された時の母親の様子を見ていると、なかなかの人物で、「あのお母さんか、気をつけないと」と正直思いました。ところが、妹は大人しくて優しく、とても問題を起こすような子ではなかったので、安心していました。

夏休み前に足の手術をするというので、一か月ほど学校を休みました。病院にお見舞いに行きましたが、親子共々うれしそうに迎えてくれました。7月の夏休みに入ってすぐ、私の学校では保護者との懇談会があります。そこで、そのお母さんから思いも寄らぬことを聞きました。

「先生、1学期にしたはずのテストとプリントが全部ないのだけど」

確認すると、ちょうど休んでいた時のテストやプリントはやってありません。私は、

「退院してすぐに夏休みに入ったので、休んだところは勉強していません。秋にそこを勉強してから、プリントやテストをするつもりです」と答えましたが、不思議に思って尋ねました。

「しかし、よく気づかれましたね。一つ一つ確認しているのですか?」

私は、正直言って、そのようなことをきちんとするお母さんとは思っていませんでした。すると、お母さんは自分の生い立ちを含め、ポツリポツリと話し始めました。

親とは縁遠く「家庭」というものを知らないこと、自分の小さい時の写真、学校の作品、絵やテストなどはほとんど残っていないこと、せめて自分の子どもには、きちんと残してあげたくて整理して保管していること。それを聞いて、私は恥じ入りました。

実は…
そうなんですか!
誤解していて申し訳ない…

また、それまでそのお母さんに感じていた壁のようなものが、消えていくのを感じました。思わず「お母さん偉いですね。子どものために、そんなにきちんとしている人はほとんどいませんよ」と言いました。

それ以後、そのお母さんへの見方が変わりました。確かに常識から外れた行動はありましたが、それは経験のないお母さんにとって、考えた末の精一杯の行動だと思えるようになったのです。

また、こんなエピソードもあります。

ベテランの女性教師が担任している学級には、乱暴な行動も多く指導に困っている子どもがいました。保護者には、問題を起こすたびに連絡しているのですが、「うちの子どもだけが悪いわけではない」の一点張りでした。しかし、あまりの行動に、両親を学校に呼び出しました。呼び出されたことがいかにも不満らしく、見るからに不機嫌な様子で学校

に来ました。こちらの話を最後まで聞かないうちに、学校や担任への不満が、罵詈雑言とも言える調子で返ってきます。結局、両親の話を聞くだけで面談は終了。しかし、帰り際に母親が「私たちも困っているんや」とポツリと言いました。それを聞いて、担任はハッとしたそうです。学校や担任への攻撃は、自分たちを守るためだったのだと。子どもの行動を何とかしなければならないことは、保護者も十分に分かっていたのです。

それ以後も保護者の口調は相変わらずでしたが、以前感じていたような心理的な圧迫は減ったと担任は話していました。

学校や担任に対して攻撃的な保護者には、つい距離を取りたくなりますが、心の底がふと垣間見られる瞬間があります。先入観でがんじがらめになっていると、この瞬間を見逃してしまうかもしれません。

6 主張の強い保護者に振り回されない

絶えず苦情を言ってくるような強力な保護者もいるものです。先入観をもたず真摯に対応する姿勢は必要ですが、過剰に振り回されないようにすることも大切です。私が実践してきた対処法をお教えしましょう。

(1) クレームと決めつけずに話を聞く

当たり前のことですが、クレームだと決めつけずに、話はきちんと聞きましょう。時々本質をついてくれる時があります。「クレームを大切にする」ことをモットーにしている企業があるそうです。製品に欠陥や改良点があっても、ほとんどの消費者はそれを会社に伝えるのではなく、買わないという方向に向かいます。しかし、クレームを言ってくれる人は、「製品のマイナス点を教えてくれる人」だと考えるのです。その心持ちで聞くようにすると、受け取り方が変わります。「気づきませんでした。指摘していただき、ありがとうございます」と感謝を伝えられるようになるのです。

(2) 多数派の意見かどうか判断する

「サイレント・マジョリティ」という言葉を聞いたことがありますか。積極的に発言するわけではありませんが、実際には多数派である人々のことを指します。担任の学級経営に満足している保護者は、学校に何も言ってきません。寄せられた意見が、大多数の意見と言えるのか、ごく少数の意見と言えるのかを判断します。もちろん少数意見も配慮しなければいけない時もありますが、担任としては全体を考えなければなりません。「いや、ほとんどの保護者は今の方法でいいと思っているはずだ」という確たる考えがあれば、一つの意見に過剰に振り回される必要はありません。

（3）自己本位な意見を退けるコツ

ところが、しっかり話を聞いた結果、自分の子どもさえよければいいという意見にしか受け取れない場合もあります。その親の言う通りにすると、全体に矛盾が生じたり、ほかの子どもが不利になったりする危険性があるので、当然受け入れられません。拒否できる時は拒否しますが、その場ではできないこともあるでしょう。その時は、私は第三者を利用します。まず、管理職に経緯を伝え、断りたいから後ろ盾になってほしいと頼みます。

その保護者には次のように伝えました。

「私では判断に迷ったので、管理職に相談しました。すると、『○○さんの指摘も分かるが、全体を考えると今のままでいいのではないか、もちろん○○さんの指摘は念頭に置き、変える必要が出たら採用させてもらえばいい』という意見だったので、現状はこのままで進めます。ご意見ありがとうございました」

7　トラブル回避のために記録を残す

さらに強力な保護者もいます。いわゆるモンスターペアレンツと呼ばれるような人です。保護者とはできるだけ話し合いで解決して、穏便に済ませたいものですが、時には毅然とした態度をとらなければならない時もあります。

ある保護者から、子どもの指導についていろいろと注文がありました。なかなか話し合いがまとまらず納得してもらえないので、心配した管理職が途中から仲裁に入ってくれました。

保護者と担任、校長、教頭です、教頭は話し合いの記録係をしてくれました。学校としては、できる

だけ保護者の要求に応えたいというのは当たり前のことです。しかし、「前回の要求にはこういう対策をしました」と伝えても、「そんなこと言った覚えはありません」と返ってきます。教頭が「いや、前回の記録を見たら書いてありますよ」と言っても、「そっちが勝手に書いたのでしょう」と、まったく話になりません。

これではいつまでも振り回されるばかりです。こんな時はどうしたらいいのでしょうか。一つの案として、音声記録を取る方法があります。とは言え、勝手に取るわけにはいきません。許可を求めたら、相手は拒否するでしょう。そこで、次のように言います。

「○○さんのおっしゃることに応えようとしてきましたが、こちらに記録の不備があったようです。今回からはきちんと録音し、ご指摘に応えるように努力します。ご迷惑をお掛けしました」

そう言って、レコーダーを机の上に置きます。相手は、それは困るとか、そこまでしなくていいと慌てるでしょう。決して引かずに、「いや、ご迷惑をお掛けしないように録音します」と言い切ります。

Chapter 3

こじらせない
教師間トラブル

教師の心が折れてしまう一番の原因は、Chapter 1で述べたように、学級経営がうまくいかないことですが、私の経験では、残念ながら二番目に多いのが同僚や管理職とのトラブルです。同僚とうまくいかなかったり、管理職からのパワハラで休まざるを得なかったりする教師が多いのも事実です。これも常に頭に置いておかなければならない問題です。「同僚とうまくやっていけない」「嫌がらせがある」「管理職からのパワハラがある」という問題を根本的に解決するのはとても難しいですが、こじらせないようにする方法はあります。

1 新しい職場での関係づくり

新しい学校に赴任したら、まずは良好な関係づくりに努めます。毎日忙しく、教師同士が話し合う機会をつくるのもなかなか難しいですが、話し合えば人柄が伝わるし、思い違いも減ります。極端な例ですが、マンションの隣の部屋からピアノの音が聞こえた時に、隣人とよく付き合いがあると「隣のお子さん、ピアノ上達したね」と感じることが、付き合いのない人だと「うるさい」と感じるそうです。同じピアノの音でも、これだけ感じ方が違うのです。

普段から世間話をしたり、学級の子どもの様子を話したりして、自然に会話ができるように心掛けましょう。

(1) 出る杭は打たれる？

あまりよくないことですが、日本には「出る杭は打たれる」ということわざがあります。「出しゃばるな」「余計なことをするな」という意味です。特に、教師の世界は、管理職は基本的には校長と教頭だけです。あとは平の教諭のいわゆる鍋蓋構造ですから、目立つことを嫌う風潮は強いと思います。

「A先生は学級通信もよく出して、保護者の評判がよい」と周囲から言われているような教師に対して、よく思わない教師もいます。変な話ですが、実践を頑張って妬まれたという話もよく聞きます。

職場が変わったら、まず様子見をすすめます。これは、「仕事は適当にしろ」「一生懸命しなくていい」という意味ではありません。職場の雰囲気を感じることです。

一時期「ＫＹ」という言葉が流行しました。ご存じと思いますが、「空気を読めないやつ」という意味です。「ＫＹ」には賛否両論ありますが、私は「空気を読む」というのは、とても大切なことだと思います。まず、どのような職場なのか、何を求められているのかを感じることは、職場での関係づくりにおいて必要なことです。空気を読めない人は、自ら軋轢をつくります。その職場の慣習や暗黙の了解を見つけることから始めます。従える範囲ならば、あえて破らずに身を置きましょう。

しかし、これは無理と思えば、破っていけばよいのです。特に、子どもにとってプラスにならない慣習があれば、積極的に破っていく必要があります。そのような時は、「出る杭」ではなくて、松下幸之助の名言「出すぎた杭は打たれない」の通り、いっそ「出すぎた杭」になりましょう。大きな杭なら目立つし、もうそれ以上打ち込もうとはしません。「あの人は別」と言わせるくらいになればよいのです。

ある学校に赴任した時の出来事です。その学校では、授業の前に「朝読書の時間」を設けていました。静かに読書をして心を落ち着かせたり、知識を増やしたりするのが目的です。しかし、子どもたちを見ていても、進んで読書をしている様子はありません。とりあえず机で本を読んで時間を過ごしているという感じです。子どもたちに聞くと「読みたいと思う本がない」と言います。確かに、学級に置いてある本は少ないので、家から持ってくる子どもがほとんどでした。図書室に行くと、そこでも驚きました。過去にタイムスリップしたかと思うほどの古い本しかありません。これでは、子どもたちが喜んで本を読むはずはありません。

朝読書の時間を設定する以上は、楽しい本をたくさん用意するなど環境整備をするのが、教師や学校の役目ではありませんか。「朝読書の時間があるから、本を読みなさい」と一方的に子どもたちに押しつけるのは間違っています。そこで、職員会議で現状を話し、本の充実を提案しました。しかし、予算があることなので、すぐにはできません。そこで私は、次の了承を取り付けました。

「本がもっと揃うまでは、朝読書の時間を朝学習の時間としてもよい」

そして、私のクラスでは次のように変更しました。

月曜日・水曜日は朝読書。火曜日・木曜日は百ます計算。金曜日は教師による本の読み聞かせ。

(2) 習慣になってしまう前に

夏目漱石が、「智に働けば角が立つ。情に棹させば流される。意地を通せば窮屈だ。とかくに人の世は住みにくい」と書いているように、空気を読まなくても読みすぎても問題で、だからこそ人付き合いは難しいということでしょう。

しかしながら、私はどちらかと言うと慣習を破ってきた人間です。性格なのか、すぐ疑問に思うのです。新しい学校に来て、慣れてきた頃に聞きます。

「この学校では、どうしてこのようなことをしているのですか?」

この質問に答えられる職員はほとんどいません。返事は「みんながやっているから」「この学校ではこうするものだと思っていた」、さらに理由を聞くと「私に聞かないで!」と叱られることもあります。

疑問を抱かないで、その習慣通りにやっている方が楽なのです。習慣を変えるにはエネルギーがいりますし、軋轢も生みます。

変な話ですが、「今までの学校では、こういう方法でやってきた」と言うと、たとえそれがよい方法であっても、嫌われることが多いです。私は、その方法を採用してきた理由を聞き、対案を出すようにしていました。

新しい学校に異動した時の話です。その学校では、給食の配膳台や机を布巾で拭く時に、消毒液をキャップ1杯分バケツに入れていました。配膳台や机を布巾で拭くのは、日直の仕事です。ちなみに、これはコロナウィルスが流行する前の話です。私はいろいろな学校を回っていましたが、わざわざ消毒液を入れていたのを見たことがありませんでした。確かに消毒液を入れた方が、より清潔になりますが、「そこまでする必要はあるのだろうか」という疑問と、子どもが消毒液の原液を扱うことへの疑問を感じました。周りの教師に聞いてみると、「この学校は、こうするものと思っていた」という反応しか返ってきません。

職員会議で理由を尋ねてみましたが、誰からも明確な返事はありません。それどころか、「私も疑問に思っていた」という反応の方が多いのです。事務の方も、「あの消毒液は安くありません。この学校は使用量が多いので、実は不思議に思っていたのです」と言いました。

管理職も初めて聞いたらしく、「本当に必要なのか」とみんなに聞きました。そして、「子どもが消毒液の原液を扱うのは好ましくない、さらに費用をかける必要性を感じない。明日からやめよう」と言ってくれました。判断のできる管理職です。

「人間は習慣の奴隷」という言葉があります。習慣になってしまうと、そこから抜け出すのはなかなか難しいという意味です。本当に必要かどうかという疑問すら抱かなくなってしまうケースが多いのです。

そういえば
そうですね…
どうして
続けていた
のでしょう？
はて？
習慣の奴隷

2 こんなに違う！ 管理職の対応

誰もが頼りになる管理職を求めます。残念ながら、そうでない場合があるのも事実です。では、どうしたらよいのでしょうか。逆に、こんな素晴らしい管理職もいるのかと知っておくと、対策が打てます。私が経験した、管理職の対照的な対応例を挙げてみます。

A校での例

対応の難しい保護者のいるクラスの担任を、校長から頼まれました。子どもが少し不安定なので、トラブルが起きることがあります。それまでの担任は保護者に攻められて、悩んだり体調を崩したりしていたという経緯があります。

4月、新学期が始まる前に、管理職は私に対して、次の対応を提案しました。

・子どもがいつトラブルを起こしても対応できるように、私は児童の登校から下校まで教室にいて見守っている。（私は、その子が運動場に行った場合も、できるだけ教室や職員室から窓越しに見ていました）
・そのため、朝の打ち合わせは出なくてよい。他の教師が輪番でメモを私の机の上に置く。
・校務分掌での担当は一切なし。学級経営に専念する。
・授業の空き時間の教師は、職員室で仕事をしながら待機する。教室から私がインターホンで援助を求めた時は、援助に駆けつける。

・この子どもを担任したことがあり、かつ保護者の信頼が厚い教師を隣のクラスの担任にする。

さらに、春休み中に、この子どもの情報や保護者対応の注意点を、今までの担任からしっかりと引き継ぎました。最初は緊張しましたが、校長が「何か困っていることはないか」と絶えず聞いてくれました。小さなトラブルはありましたが、大きな問題なく一年を過ごせました。何より「みんなが支えてくれる」という安心感が大きかったように思います。

B校での例

学校の異動が決まりました。3月末に、次のB校の校長から「6年生をお願いしたい」という連絡がありました。私はすぐに「おかしい」と思いました。新しい学校も地域も分からない私が、いきなり6年生です。知り合いに聞いたら、問題の多い学年と聞きました。一旦は「子どもたちも地域の様子も分からないので、できれば他の学年をお願いしたい」と返事しましたが、「あなたならできる」の一点張りで、6年の担任を任されました。

4月に赴任しましたが、連絡をくれた前任の校長は3月に退職していました。職員会で新校長から「6年○組をお願いします」と言われた時に、それまでうつむいていた職員の何人かが顔を上げ、私を見たのが忘れられません。職員の顔ぶれを見たら、私でなくても担任できる力量のある教師はいました。私は、なんとなく「担任を押しつけられた」と思いました。後から思えばこの考えが私を救ったのです。

担任発表の後は、校務分掌や時間割の話し合いですが、機械的に割り振られていきました。A校のような、難しいクラスを担任することに対する配慮は一切ありませんでした。

子どもたちが大人しくしていたのは最初の一週間くらいで、その後は問題行動の連続でした。しだいに、叱ってばかりいる私と子どもたちとの歯車がかみ合わなくなって疲れてしまい、毎日、学校に行くのが苦痛になりました。この時期は、「無理だったら休んでしまおう」と本気で考えました。新校長は「なぜ君がこのクラスの担任なのか？」と聞いてくださり、同情してくれましたが、後の祭りです。

学校の状況により一概には言えませんが、自分の他に適任者がいないのならともかく、新しい学校でいきなり6年生を任されるのは要注意です。6年生にとっては、自分たちの方がその学校に長くいるので、異動してきた新しい担任の方が新参者です。また、難しい

6年生でも、過去に担任したことがあったり、以前からその学校で勤務していたことがあったりしたら、子どもの情報や保護者の対応の仕方も分かっているので対処の方法がありますが、何もない状態での難しいクラス担任は本当に大変です。事実、私が知っているだけでも何人かは、新しい学校でいきなり6年生の担任になり、その後休職しています。

A校の場合、確かに毎日が緊張の連続でしたが、管理職はよく教室を見に来てくれるし、話し合う機会もありました。何より、職員全員が「ご苦労様」と声を掛けてくれたり、心配してくれていたりするのが感じられたので、休職しようという気は起こりませんでした。

ところが、B校の場合は、学校に行くのが次第に苦痛になり、休職も考えました。

この時感じたのですが、管理職をはじめ、同僚たちによる心理的な支えというのは非常に大きなものです。A校のような管理職なら問題ないのですが、B校のような管理職ならどうすればよいのでしょうか。それは、臆せずに自分から要求することだと思います。この時は目まぐるしく過ぎてしまったので気づかなかったのですが、A校と同様の待遇は無理でも、「A校ではこのような体制を取ってくれた」と、近い待遇を求めるべきだったと思います。

3 苦しい時は誰かに話そう

聞いたことがあると思いますが、「喜びを人に分かつと喜びは二倍になり、苦しみを人に分かつと苦しみは半分になる」というドイツの詩人の言葉があります。苦しい思いは、積極的に人に話しましょう。心が楽になります。私にも覚えがあります。

若い時の話です。その教頭は実践家で、指導には実力のある方でした。いろいろ分からないことがあると、しっかりと教えてくれました。しかし、だんだんと気に掛かるところが出てきました。それは、同じようなことをしても、年配の教師と若い教師とでは扱いが違うところです。若い教師に対しては厳しい指導をしていました。初めは「自分は若いから仕方ない」とか「そんなものだろう」と思っていたのですが、だんだんと腑に落ちないところが出てきました。ある日、ついに我慢ならないことが起きました。腹立たしいまま放課後遅くまで教室に残って仕事をして、職員室に戻りました。もう誰もいません。一人で仕事をしていたら、男性の先輩教師が入ってこられました。この方も、教室に残って仕事をされていたのでしょう。私を見るなり、「何かあったのか?」と声を掛けてくれました。おそらく私が怖い顔をしながら仕事をしていたので、察してくれたのでしょう。私は、「ちょっと我慢ならないことがあったので、今度、教頭先生にははっきり言います」とだけ答えました。「おいおい、ただごとじゃないなあ」という言葉を掛けられ、私は堰を切ったように思いの丈を話し始めました。

たしかに、
君の言い分も
もっともだよ
我慢できません!

30分ほど話したでしょうか。ひと通り話すと、気持ちがすっきりしました。先輩教師は、「教頭先生が君たち若い教職員に言ったことは、私たち年配の職員にも言いたいことなん

だろうな。でも、私たちには言いにくいので君たちに言うのだろう。申し訳ない」と謝ってくれました。

すっきりした私は、あれだけ腹が立ったことがどうでもよくなりました。そして、次の日からも教頭とぶつかることはありませんでした。

数日後、女性の先輩教師が、職員室でのやりとりを知ったのか、次のように教えてくれました。

先　輩「確かに教頭先生は気分屋のところがあると思う。でも、子どもの指導でかないますか？」

私　「いや、全然かないませんよ」

先　輩「そうでしょう。人は誰でも長所と短所があります。短所は無視して、よいところを真似すればいいですよ。できればノートを作って、感心した指導のポイントをまとめると冷静に見られるし、あなたの財産になりますよ」

苦しい時は無理をせずに、積極的に周囲に話しましょう。情けないとか恥ずかしいとか思わないで、積極的に思いの丈を吐き出すことですっきりします。また、苦しんでいる自分を真剣に思いやって、アドバイスをくれる人もいるかもしれません。

4　もしパワハラにあったら

パワハラの相手が管理職と同僚とでは対応が違いますが、両方に言えることは「記録を取ること」です。問題になった時、「言った・言わない」になります。その際、記録があるというのは決定的な証拠になります。しかも、記録を取っているということが、いざという時の安心感になり、大きな心の支えになります。

毎日、その日の出来事の記録をして、まとめておくことが確実ですが、大変な時にはそれはできません。一番簡単なことは録音することです。スマホにも録音機能がありますが、私は、ICレコーダーをおすすめします。1枚のSDカードで1000時間以上の録音ができる機種もあります。仮に始業から帰宅までの8時間ずっと録音したとしても、125日分を記録できます。もしパワハラの被害を相談するという場合、証拠があればより具体的な対策を講じることができるはずです。

(1)　相手が同僚である場合

「同じことをしても、あなたならセクハラだけど、キムタクならセクハラにならない」という冗談がありますが、パワハラも似たところがあります。聞いた本人がパワハラと受け取る場合とそうではない場合があるからです。また、言っている本人が全くパワハラとは意識していない場合もあります。

①高圧的な物言いの人に対して

高圧的な物言いの人には、驚かないでまず受け止めましょう。そして、他の人に対する言い方を冷静に比較します。他の人にも同じ言い方なら「ああ、この人は、誰にでもこういう言い方しかできないんだ。私だけじゃない」と考えます。

しかし、冷静に見ても他の人より私に対して言い方がキツい、嫌なことを言ってくると感じたら、パワハラの可能性があります。まず一番は、管理職に相談することです。ただし、直接当人にはっきりと言ってしまう管理職もいて、そうすると、かえって話がこじれてしまいます。校長、副校長、教頭など

そんなこともできないの？
私に対する言い方と全然ちがう…

の管理職の中でも、伝え方の上手な人を選んで、その人に相談するとよいでしょう。

悲しいことですが、管理職にそういう人がいない場合は、先輩の教師に頼むしかありません。これも、なるべく角が立たないよう、次のように頼みます。

「最近、A先生の言い方に困っています。助けてくれませんか？　廊下などで、私とA先生が話をしているのを見かけたら、何気なく近寄って話を聞いて通ってください。そして、後から、『ちょっと話が聞こえてしまったのだけど、言い方がキツくないかな？』などと話しかけてほしいのです」

しかし、2019年に神戸市で発覚した教師間の暴力事件のように、同僚のパワハラで管理職も助けてくれないというケースでは、どうしたらよいのでしょうか。それは、教育委員会等の上部機関に訴えるしかありません。厳しい選択になりますが、自分が潰れることを考えたら、その手段しかありません。ただし、その上部機関においても「大したことない」とか「我慢できないのか」などともみ消しにかかろうとすることもあるので、その場合には音声記録が力を発揮します。

②自己主張の強い人に対して

また、自分の主張を認めてほしいという人も、強い言い方をすることが多いものです。そんな人に対処する方法があります。私が感心した話を一つ紹介しましょう。

先輩のB先生は読書家でよく勉強しています。仕事もきっちりと行い、尊敬するところが多い方です。その人が転勤しました。転勤した学校には、プライドが高く相手を論破することで有名なC先生がいます。私たち、外野の者は「あの二人が会議で言い合うのは、目に見えている。どうなるだろうか」と鵜の目鷹の目、興味津々で様子を見ていました。

案の定、会議で論争しているという噂が伝わってきました。しばらくして、B先生の方が何も言わなくなったという話が耳に届きました。私を含め、他の教師の間で「B先生が負けたらしい」という噂が流れました。勝手なものです。

しばらくして、B先生に本屋で偶然会いました。私は「C先生と論争をしなくなったという噂を耳にしたのですが、本当ですか？」と興味本位に聞きました。

すると、B先生はこう答えたのです。

「話し合いでは、お互いが主張します。しかし、当然距離があるから、お互いの主張を少しずつ変えていくなり、修正していくなりして、お互いの合致点を見つけることだと私は思っているのです。私にはその用意もあります。しかし、C先生にはその考えがなかったようです。いつまで話し合っても、自分の主張を繰り返すだけで、曲げようとしない。それでは、こちらが折れるしかないでしょう。つまり、C先生は相手を屈服させようとしているだけなのです。これでは話し合いにならないから、時間の無駄と思って止めました。会議では、C先生の主張を聞くだけ聞いて、最後に『私は反対です』とか『私ならばこうします』とだけ言うことにしたのです」

さすがB先生です。これ以後、C先生のように主張だけして譲歩しない人に対して、私は次のように返しています。

「話し合いというのは、隔たりのあるお互いの主張を、少しずつ修正し合っていって、お互いの合致点を見つけることだと私は思っています。私は、さっき自分の修正点を言いましたが、あなたからは、その点が見つけられない。あるのなら教えてください」

また、そこまではできなくても、物言いの強い人に対する考え方を変える方法がありま す。

ある教師に聞きました。その人は有能ですが、家庭の都合で正式な教員になるのを拒んで、長い間講師での生活をされてきました。立場は講師ですが有能なので、妬まれることも多いと思います。その人は、次のように考えてきたそうです。

「どうして、この人はこんな物言いしかできないのだろう」と冷静に考えます。そして、「この人は、学校でしか自己顕示ができない人だ」とか、「学校外での自分を満足させられるような充実したプライベートがない人だ。だから学校で人に対して強い態度で出ることで自分を満足させているのだ」と考えます。そして、「残念な人だ」「かわいそう」と思うようにしているそうです。

(2) 相手が管理職である場合

パワハラ的な発言が教頭ならば、校長に言えばよいです。問題は、相手が校長の時です。教頭に相談してもこれからの出世に関わるので、おそらく言えないでしょう。このような場合は、覚悟する必要があります。教育委員会に訴えると、話が大きくなるからです。これからの異動や出世に関わるかもしれません。次の中から選択するしかないでしょう。

①校長の在籍期間を考えて、少しなら我慢する。
②自分が潰れるよりマシと覚悟して、上部機関（教育委員会など）に相談する。
③組合の組織率が高い県は、組合に相談する。これは、自分が傷つかずにすむことが多い。
④別の対策をとる。

④の対策とは、例えば次のような方法も考えられます。

同僚との会話で、「近頃はちょっとしたことで訴えられたり、パワハラだとか言われたりするから、会話は録音するようにしています。スマホだと簡単にできますから」などと話します。「○○さんは会話をすべて録音しているらしい」との噂を聞くと、誰でもドキッとして注意するからです。

それを耳にして、気にした管理職から呼び出されることがあるかもしれません。「君、会話を録音しているという噂を聞いたけど、本当か？」と聞かれたら、

「最近は教師も自分で身を守らなければならない時代ですから。『言った・言わない』で問題になった時のためです」と答えます。

「勝手に録音して、問題はないのか？」

「あくまでも自分の記録のために録音しているだけです。知り得たプライバシーを外に漏らすことはしません」

そう答えながらも、ＩＣレコーダーの電源はしっかり入れておきます。

録音していると、精神的に余裕が出てきます。「何かあったら訴えてやろう」と覚悟したら、相手からパワハラ的な発言があっても、「あっ！ これで立証できる」などと、客観的に受け取れるようになり、少し気持ちも楽になるはずです。

最終的に一番重要なのが「開き直れるかどうか」、つまりできないことはできないと言えるかどうかです。無理なことだと分かっていても自分を犠牲にしてやり続けるのかどうか、それをよく考えることが大切です。どこかのタイミングで思い切らなくてはなりません。穏便に済ませたいと誰もが思いますが、我慢し続けると自分の心や体が壊れてしまいます。

相手は管理職ですから、自分への評価や昇進への影響などが気になるでしょう。最悪の場合、仕事を続けることさえ困難になるかもしれません。

しかし、自分が壊れてしまっては、元も子もありません。「どうしてこんな管理職と出会ってしまったのか」と悔やむこともありますが、運命と思って諦めることも重要です。こちらが悩んでいるほど、相手は気にしていません。こちらばかりが悩んだり、心や体を壊したりしているのは、馬鹿らしいことだとは思いませんか。「窮鼠猫を噛む」ということわざがあります。こちら側が開き直る覚悟を見せたら、パワハラが収まったという話もあります。「私にはそんなことは到底できない……」と思われる方もいるでしょうが、どこかでやらなければ自分が壊れてしまいます。何かあなたに合った方法があるはずです。

ある教師は「仕事の評価や昇進などは、もうどうでもいいと決めた途端に気が楽になり、その後は、毎日子どもたちと楽しく暮らすことができた」と言っていました。ある教師は、「自分が一番大事、担任している子どもたちより自分の子どもの方が大事」と言っていました。何が一番大切なのか、もう一度しっかり考えてみてください。

Chapter 4

自分を責めない思考回路

1 自分自身を救う考え方

かくいう私にも、「頑張っても無理だったら休んでしまおう」と思っていた時期がありました。

では、そんな時はどうすればよいのでしょうか。そうならないようにメンタルを鍛えればいいのでしょうか。残念ながら、メンタルは鍛えても強くなりません。例えば、心身が屈強な人間がたくさんいるような自衛隊でも、メンタルの不調を理由に休職してしまう人はいるのです。

私が休職せずに済んだのは、いろいろな考え方を知ったり、こんな場合にはこう対処できるという知識を学んだりしたことが大きかったと思います。ここでは、日頃からの考え方や対処法について述べたいと思います。まず、二人の教師を挙げてみます。

言うことを
聞かない子
が悪いんです
私は
悪く
ない！

教師①

授業中、ふと運動場を見たら子どもが一人走り回っています。すぐに、職員室から教師が一人運動場に出て、その子を教室に連れ戻しました。数日後、また同じ光景を見ました。今度は、その教師と私が一緒に、その子を教室に連れ戻しました。その教師が、担任に「また、このようなことがあったら、職員室に連絡をください。手伝って連れ戻しますよ」と言うと、担任は「私は一生懸命授業をしています。この子が言うことを聞かないんです」と言いました。

教師②

用事があり、ある教室を訪ねました。廊下を歩いている時点で、子どもたちの元気な声が教室から聞こえてくるのですが、中に入って驚きました。大勢の子どもが教室の中を走り回っているのです。思わず「危ない！」と言いかけて前を見ると、担任は教卓で黙って

子どもは自由にさせればいいんです
個性ですから

仕事をしています。担任に、子どもの行動を許しているのかと尋ねたところ、「子どもは本来自由なもの。それを大人が矯正しているのです。矯正では個性は育ちません」という答えが返ってきました。

二人の教師からは、子どもたちの行動は自分のせいではないと開き直る姿、あるいは自由を尊重するという名目で指導を放棄している姿が見えます。これらはけっしてほめられた姿ではありませんが、休職に追い込まれる教師はむしろ逆のタイプです。つまり、何事も真面目で仕事に一生懸命な人、子どものこともすべて自分の責任であると思い詰めてしまう人です。思い詰めてしまう人は、休職に追い込まれやすいのです。

(1) すべてを自分のせいにしない―責任は半分のすすめ―

日本では、教師に限らず、精神を病んでしまったり、自殺してしまったりする人が欧米先進国に比べて多いと言われます。それは、宗教観や思想が違うからだという説を聞いたことがあります。どういうことでしょうか。

日本人は、何事も成功したりうまくいったりした時には、「努力したからだ」「頑張ったからだ」と周囲も自分も本人をほめます。しかし、失敗したりうまくいかなかったりした時は、「努力が足りなかった」「もっと頑張らないと」と本人のせいになります。ところが欧米では考え方が異なるというのです。

行動の結末は、自分が半分、神様が半分と考えるのだと聞きました。成功したりうまくいったりした時には、本人の努力は半分で、残りの半分は神様がチャンスをくれたと考えるのだそうです。また、逆に、失敗したりうまくいかなかったりした時は、本人の努力に対して「今回は神様が自分の方を向いてくれなかった」と考えるのだそうです。

例えば、誰かがチームのレギュラーになれたとします。本人はもちろん努力したからだと喜びますが、たくさんいるライバルの中で、神様が今回は僕の方を向いてくれたからだと神様に感謝します。レギュラーになれなかった他の選手は、今回は神様がこっちを向いてくれなかったけれど、次回は向いてくれるだろうと考えるそうです。いずれにしても、自分の責任は半分ですから、気は楽になります。

また、こんな話も聞いたことがあります。アメリカのある作曲家だったか作詞家だったか忘れましたが、その人が高速道路を車で走っていた時に、素敵なフレーズを思いつきました。しかし、運転中、しかも高速道路ですから、すぐに車を止めるわけにもいきません。彼女は車の窓を開けて、天に向かって次のように叫びました。

「神様、あなたは、なんて意地悪なの！　私がいまどんな状態か分かっているの？　紙もペンもとれないのよ！」

そして、一番近くのパーキングスポットを見つけるやいなや飛び込んで、慌てて書き留めたそうです。ですから、欧米人の中には、素晴らしい作品を生み出しても、「これは神様が私の体を使って生み出したものだ」と考える人が多いのです。映画などで欧米人が神様に感謝する場面を多く見るのは、こういう理由からなのです。

それに比べると、日本人は何でも自分のせいや責任にしがちな人が多いです。しかし、日本にも「運が悪かった」という言い方があります。これを援用すると、少しは楽になりませんか。

例えば、学級経営がうまくいかなくて悩んでいる時、こんなふうに考えることもできます。

「子どもたちは様々な教育方針の家庭で育ち、これまでにいろいろな教師の指導を受けてきた。私は担任になったばかりなのだから、子どもたちを簡単に変えられるわけがない」

「このクラスの担任に指名したのは校長なのだから、一緒に対応してもらおう。うまくいかなくても、私だけのせいではない」

また、例えば、異動してきた学校になじめず、同僚とうまくいかなくて悩んでいる時、こんなふうに考えることもできます。

「今回の異動で、たまたまこの学校に配属されただけ。相性が悪かった。せめて角が立たないように過ごそう。次回は自分に合う職場に異動できるだろう」

つまり、「たまたま私に降りかかった」「運が悪かった」「次はいいことがあるだろう」というように、自分の責任の半分を回避する考え方に切り替えるのです。

Chapter 3でも述べたように、私が一番大変な学

年を担任した時に休まずにすんだのは、「なぜ私がこの大変なクラスを担任しなければならなかったのか」という疑念を常に抱いていたからです。「以前から勤めていて、子どもたちの実態を知る人たちの中には、このクラスを担任しようという人がいなかったのだ。それはどのクラスだから、転任したての自分が担任してうまくいかないことがあっても仕方ないのだ」という考えが自分を助けたのです。いつも、「なぜ私が…」とか「すべてが自分の責任ではない」という考えが頭をよぎっていました。

真面目で一生懸命に取り組む先生の中には、このような考え方を「逃げている」「責任転嫁」と感じる方もいるでしょう。しかしながら、時には自分自身に「逃げ」を許すことも必要です。それができずに、自分を追い込んでしまう先生がとても多いのです。

また、私自身が追い込まれていた時、教師という仕事の異常性にも気づきました。ざっと挙げるだけでも、次のような点があります。

・精神疾患で休職する教師が、毎年5千人前後いる。
・残業手当はないのに、多くの残業や持ち帰り仕事が当たり前になっている。
・中学校では、休日にも部活動があり、実質的に休日はほとんどない。

・教育にかける費用が、OECDに加盟する38か国の中で、日本は37位（2020年に発表された2017年の調査結果）。つまり、教育にお金をかけていないにもかかわらず、高い教育水準を保っているのは、日本の教師の自己犠牲によるところが大きい。

このような異常な労働条件の中で働いていることを教師が自覚すべきです。自分一人で責任を負う必要はありません。

（2）自分の中だけで答えを探さない

人は困難に陥るほど、「頑張れば、いつかは何とかなる」という考え方にしばられることが多いものです。自分一人の努力で何とかなる、解決できるという考え方から、まず一歩離れてみましょう。閉じた思考の中で解決策を探しても見つかるわけがありません。「なぜうまくいかないのだろう」と自問自答しているだけでは、いつまでも解決しないでしょう。

Chapter 3でも、苦しい時は人に話す方が楽になると述べましたが、誰かに話すと気が楽になるだけではなく、違う視点を与えてもらうことが多いものです。

誰かに相談する時には、次のように心掛けましょう。

・子どもたちの一番の理解者は自分であると自信をもつこと。
・現状を話して、どうしたら少しでもよい方向に行くのか、まず自分から具体的方策を周囲に提案し、みんなにも考えてもらうこと。
・その方策に誰かの助けが必要な時は遠慮せずに頼むこと。困った時に協力し合うのは当然のことだと考え、卑屈になることなく頼むこと。
・子どもたちのために協力してもらうのであって、学校全体の仕事である。個人の仕事を他の人に手伝ってもらうのではないのだから、協力を頼んでも恥ずかしいと思わないこと。

また、手助けを頼む時は、個人ではなく組織として動いてもらう必要があります。「心配だ。手助けしたい」と思ってくれる同僚がいても、自分の仕事もあるし、どう動いていいか分からないでしょう。組織的に方策を組めば、仕事として動くことができ

ます。

管理職に「組織として動いてほしい」と要請し、管理職中心に動いてもらうことです。それが管理職の仕事なので、ためらわずに頼りましょう。担任の力不足で自分の仕事ではないと考えるような人物なら、その程度の力しかない管理職だということです。適任でない者を担任にしたことから、最後には管理能力不足と言われることになるでしょう。

(3) 他人は自分の思い通りにならなくて当たり前

子どもや保護者に対して、自分の考えが伝わらなかったり、受け入れてもらえなかったりする時にはどうしてもイラッときてしまうこともあるでしょう。それは、教師の責任感や使命感の裏返しとも言えますが、その考えを取り払うように努めましょう。たとえ完全には無理でも、自分がコントロールできないことには、あまり執着しない方が精神的に楽なのです。

「人は思い通りにならないもの」と考えましょう。また、それは事実です。

イギリスのことわざに「馬を水辺に連れて行くことはできても、水を飲ませることはできない」というものがあります。どうも日本の教師は、子どもたちを水辺に連れて行って、水を飲ませよう飲ませようとする傾向が強いですが、水を飲むか飲まないかは本人が決めることなのです。

また、いくら努力しても、人間関係は報われない場合が多いものです。そういうものだと思っておいた方がいいでしょう。

(4) 己を知り、理想を求めない

中には、「子どもが思ったように育たない」「自分の実力がない」ということを嘆いて、精神的に落ち込んでしまう教師がいます。

確かに、「素晴らしい授業をする」「子どもたちから信頼される」のは教師の理想像です。また、そういう心構えがなくては、教師として成長しません。しかし、落ち込んでしまう教師の多くは、こう言っては失礼かもしれませんが、自分の力を過大評価している人が多いように感じます。

先輩教師から面白い話を聞いたことがあります。

研究授業などで、他の教師の授業を見る時に、「この教師は私と同じくらいの力量だな」

と思った場合は、自分より上手な教師である。「私の方が、授業は上手だな」と思ったら、自分と同程度の教師である、という話です。研究授業という特殊な状況下では、子どもたちも教師も緊張しているし、実力を十分に発揮できないのが前提と考えます。授業の力量は通常より1ランク落ちるはずです。もし、研究授業でも「この教師は上手だな」と思ったら、それははるかに高い実力の教師ということになるのです。

(5) 言葉を心の支えにする

ことわざや講演で耳にした言葉から、人生に役立つヒントを得たこともたくさんあります。

ある時、伊勢市の宮﨑元教育長から、会議の冒頭の挨拶で次のようなお話を聞きました。「最近の先生方は、本当に大変だと思います。子どもの指導に、保護者の対応、つらいこともたくさんあるでしょう。私にもそのような経験はあります。しかし、一つだけ言えることがあります。それは、どんなにつらくても、いつまでも続かないということです。この瞬間のつらさを何とかしてくれと思うかもしれませんが、いつかは終わりが来るということを信じて、毎日を過ごしてほしいです」

その通りです。私は山登りをしますが、同じことが言えます。山登りを始めた若い時は、どこまで続くのかと先の見えない急坂や、果てしなく続く階段に嫌気がさしたものでした。しかし、最近はどんなにキツい急坂や長い階段があっても、その先を見ないようにしています。そして「いつかは終わる、いつかは終わる」とつぶやきながら、一歩一歩、足下を見て歩いて行きます。すると、最後には頂上や峠に到達します。

私が一番つらかった時は、一時間授業が終わると「一時間が終わった」、それを6回繰り返すと「一日が終わった」、5日経つと「一週間が終わった」と数えるような日々を過ごしていました。そして、夏休みや冬休みの長期休暇を心待ちにするようになり、休暇明けが近づくと緊張しました。最後には何とか卒業式を迎えることができました。今から思うと、その子どもたちには悪いことをしたと思いますが、その当時の私の力量では、それがすべてでした。

もう一つ、ウィンタースポーツから得た人生訓があります。スキーやスノボをされた経験のある方ならお分かりかと思いますが、怖いと思って体を後ろに傾けると重心が後ろにかかり、かえってスピードが出てきます。スピードを抑えるためには、恐怖に打ち勝って体を前に傾ける必要があります。「虎穴に入らずんば虎児を得ず」ということわざとも重なります。このことから、私は苦情を受けた保護者の家には、怖がらずにいち早く訪問をすることで、事態が早く収まるということを学びました。

(6) 仕事に依存しすぎない

「仕事が教師、趣味も教師」「教師の世界しか知らない」というような人ほど、仕事につまずいた時に精神的に落ち込んでしまう可能性が高いです。気分転換する方法がないと、ますます落ち込んでしまいます。気になっていることがあると、ずっと頭の中から消えないものですが、それでも仕事以外に趣味があると気が紛れます。

なるべく意識を学校以外に持っていくようにすることは、非常に有効です。ただでさえ教師の仕事はオンオフの切り替えが難しいので、四六時中、学校のことを考えてしまいがちです。

休日は仕事から離れ、好きなことをしましょう。魚釣りやゴルフなどが趣味なら、外に出て活動することは気分転換になります。ショッピングが好きなら、それもいいでしょう。部屋で過ごすことが好きなら、ＤＶＤを見たり、読書をしたりするのもいいです。

趣味のサークルや同好会に参加しているようなら、他の職種の人の意見も聞けます。悩んでいたことが大したことではないと思えるようになることもあります。ただし、私の経験では、その好きな趣味に対しても興味がわかない、やる気が出ないとなった場合は、要注意です。きちんとした医療機関などに相談するとよいでしょう。

2 自分で自分を守る時代

(1) トラブルに備える

Chapter 2でも述べたように、基本的に教師は「保護者は味方」と考えがちです。もちろん、保護者に対して不信感をもっていると、保護者にも不信感を抱かせることになり、学級経営に支障が出ます。しかし、「味方」でない保護者に出くわした時に、基本的な考えが根底から覆され、歯車が大きく狂ってしまいます。保護者とのボタンの掛け違いから、お互いに不信感が大きくなっていく危険性もあります。最悪の場合、教師個人も訴えられる時代なのです。

保護者を初めから疑え、信じるなということではありませんが、何かあった時の対処の方法をあらかじめもっていることは、今の時代には大変重要です。

ある時、病院で勤務医をしている私の友人と、こんな会話をしました。

友　人「教師も大変だなあ。精神的に落ち込んでしまったり、中には保護者とうまくいかなくて訴えられたりする教師もいるみたいじゃないか」

私「君らはいいよな。何かあっても病院が守ってくれるから」

友　人「何を言っているんだ。そんなの昔の話だよ。今は、医師も患者だけでなく、病院からも訴えられる時代だ」

私「どういうこと？」

友　人「昔は、医師が患者から訴えられると、病院が矢面に立ったものさ。医療過誤や誤診が認められると病院が賠償してくれた。でも、今はその後に『君のせいで病院が損失を被り、さらに風評被害まで受けた』と言われ、病院が医師に対して損害賠償請求を起こす時代だ。だから俺も個人的に保険に入っているんだよ」医師の場合は、誤診の危険性が念頭にあり、ひょっとしたら訴えられるかもしれないという意識を常にもっているのかもしれません。それに対して、教師はどうでしょうか。常に「私は大丈夫」と安心していませんか。

私も念のために調べてみると、私の入っている労働組合系の保険には、「個人訴訟を受けた時の保証」も含まれていました。ひと安心です。自分の身は自分で守る時代です。

他の例を挙げましょう。

ある高校で、生徒が定期テスト中にカンニングをしました。その学校のきまりでは、一つでもカンニングをすると、定期テストの全科目が0点になります。保護者が呼び出され、父親がやって来ました。校長室で、校長、担任、父親で話し合いがもたれました。ひと通り説明があった後、父親は、子どもの不始末を謝りました。そして、子どもの将来のために、全科目0点だけは何とか免除してほしいと懇願しました。しかし、きまりはきまりだと答える担任との間で言い合いになり、興奮した父親が担任に手を出してしまいました。

すると、校長は次のように言いました。

「○○君、すぐに病院に行きなさい。そして、診断書をもらってきなさい」

そして、保護者には
「お話は終わりです。どうぞお帰りください」

と言いました。

私はこの話を聞いて、父親の気持ちも分からないことはありませんし、他に方法はなかったのかとも思いましたが、なにより、その校長の判断と冷静沈着な態度に驚きました。

そして、私の身にもし同じようなことが起こったら、次のようにしようと決めました。

保護者が興奮して手を出してくるようなことがあれば、すぐに面談を中止し、「校長先生、近くの医院に行って診断書をもらってきます」と言います。もちろん、もし私が管理職になっていたら、教師に同じことを言います。幸い、私が勤務している間には、実際にこの方法を使うことはありませんでした。


また、次のような話を大阪の校長先生の講演で聞いたことがあります。

その校長先生は、校長室に小さな冷蔵庫を置き、いつも和菓子を入れていたそうです。

そして、何かトラブルがあって保護者が苦情を言いにやって来た時には、お茶と和菓子を出すのです。すると、ほとんどの保護者は興奮しているにもかかわらず、一瞬「あれ？」という顔をするそうです。「苦情や文句を言いに来たのに、お茶だけでなくお菓子まで出ることに違和感を抱くのだろう」と話していました。そして、「その後は話をじっくりと聞くのだが、お菓子を出すようにしてから、明らかに気持ちが落ち着いてくるのが早い」と笑いながら言っていました。最後に、「どうして洋菓子でなく和菓子かというと、和菓子の方が日持ちするから。洋菓子は日持ちしないから、しょっちゅう買わなければならない」とオチを付けていました。さすが大阪の校長先生です。

保護者が興奮して学校にやってくるというのは、よくあることです。私も何度も経験があります。その時に、重要なことが一つあります。それは、まず話をしっかりと聞くことです。当たり前だと言われそうですが、人はつい途中で口を挟んでしまいがちです。口を挟まず、まずは相手の話を聞くということは、意識しないとなかなかできないことなのです。私の経験した例を挙げてみましょう。

保護者が、担任に言いたいことがあると学校にやって来ました。子ども同士のケンカですが、保護者の言い分は、なぜうちの子どもが叱られたのかということです。どうも、子ども自身は自分にとって都合の悪い話はしていないようです。それを信じた保護者が、不満を言いに来たのです。

このような場合、反論はいくらでもできますが、あえてしません。まずは興奮している保護者の言い分を聞きます。途中でそれを止めると、言いたいことを途中で止められたことによって、さらに興奮して話が止まりません。収まるまでの時間がかえって長くなります。私の経験からは30分ほど話を聞いていると、相手の話す勢いが弱まったり、「ふぅ〜」と息をついたりするので、その瞬間が変化のポイントです。

言いたいことをすべて吐き出させることは、非常に重要です。そこから、「よく分かりました。あなたが言いたいことは……」と要点を確認していきます。それから、相手の言いたいことを一つ一つ崩していくのです。

最後は、「うちの子どもも悪かったのですね」と言っ

て帰って行くことが多いです。

以上のような非常時の対応の方法を常に集めておきます。そして、「こういう時はこうしょう」と心に決めておくと、精神的にも余裕が生まれます。

(2)「休む」準備をする

生活に支障が出るほどに困難を抱えている時は、必ず第三者機関に相談することです。

・教育委員会の臨床心理士・スクールカウンセラーなどに相談してみる。

・自分は何か変だ、おかしい、病気じゃないかと思ったら、迷わず医療機関などに相談する。

無理をする必要はありません。自分がいなくなったら周囲に迷惑をかけると考え、ためらってしまう人が多いのではないでしょうか。しかし、自分の代わりにクラスを見る人間はいくらでもいるのです。ところが、自分自身には代わりはいません。

私も一番つらい時には「無理なら休もう」と腹をくくりました。常に「休む」「もう休む」と周りの人に言っていましたし、さらに休む場合はいつ休むといいかも調べていました。こんなことをしていると、随分気が紛れるものです。

以下に挙げるのは当時の話です。

・ボーナス月の1日に勤務していないとボーナスは出ないので、6月や12月の1日だけは頑張って勤務しよう、休むのなら2日からにしようと考えた（現在はそんなことはなく、日割り計算で出る）。

・3か月までの病休なら、その後の昇級などの給与に何の影響もないが、4か月を過ぎると影響が出ることが分かり、休むのなら3か月までにしようと考えた。また、精神的な療養の場合、3か月まではそのまま復帰できるが、3か月を過ぎると「復帰訓練」を行わなくてはならない（勤務する場所によって異なる可能性あり）。

・急に休んだ時に、他の人に見られても恥ずかしくないように、教室や職員室の机の中はできるだけ整理しておく。

休職する場合に備えておくと、心に余裕が生まれます。

体の病気の場合、人は遠慮や気兼ねもなく休みますが、心の病気の時はどうして後ろめたく思うのでしょうか。同じ「病気」なのです。

休むことに後ろめたい思いを抱くのなら、次の話を読んでみてください。

「木こりのジレンマ」

これは、ビジネス業界でよく言われる逸話で、元ネタは分からないそうです。類似の話はいくつかありますが、私は次の話が好きです。私は、この話を心や体の病気、あるいは産休、育休などで教職を離れざるを得ない立場に立った人に贈っています。申し訳ないという気持ちを子どもたちや職場に残していることが多いからです。

ある若い木こりがいました。とても力強くて速くたくさん木を切ることができます。ある日、木こり仲間が「君は、たいそう速く木が切れる。大したものだ。木こりの大会に出たら優勝間違いないぞ」と言いました。

気をよくした木こりは、大会に出てみました。すると、わずかの差で優勝できずに2位に終わりました。優勝者は、その木こりより年上の木こりでした。それから、その若い木こりは、優勝目指して木を切ることに一層励み、次の大会は絶対優勝するぞとの意気込みで参加しました。しかし、残念ながらまた2位でした。去年より差が開いています。優勝者は前年と同じ木こりでした。悔しい若い木こりは、さらに木を切ることに励みました。3回目もまた2位でした。優勝者はまた同じ木こりでした。差はますます開くばかりでした。

若い木こりは、恥を忍んでその優勝した木こりに聞きました。「失礼ですが、私はこの二年間、毎日毎日木を切って励みました。でもあなたには勝つことができません。あなたには、なにか特別な練習方法やコツがあるのですか？　教えてください」

すると、その年上の木こりは言いました。「やあ、君には、いつかは追い越されるのではないかと思っていたよ。でも、特別な練習方法なんてないんだ。毎日木を切って、時々休んで斧の刃を研ぐだけさ」

それを聞いて若い木こりはハッとしました。毎日毎日木を切るのに一生懸命で、休んだり、斧を研いだりする時間が減っていたのです。

教職を離れて休む時間を、この「斧を研ぐ時間」と

思えばよいのです。いろいろな本を読んだり、調べたりして、自分の力量を高める時間です。体を休めて、じっくりと考える時間です。職場に戻ってきた時に、鋭い切れ味にするための時間なのです。

本来ならば、多くの教師がこういう時間を取ればよいと思っています。「人間ドック」というのがありますが、語源となっている船のドックは、不具合箇所の修理だけでなく、定期部品の交換も行います。定期的に休めて、心や技術を充実させる「教師ドック」があればいいと思います。

私が若い時は、夏休みがこういう時間でした。他の県の研究発表会や研修会に出かける時、前泊が必要だと温泉に泊まることもあり、これがリフレッシュする時間にもなりました。また、夏休み中は、ゆっくりと自宅で本を読む時間が増えました。今は、夏休み中にも、学校での会議や教育委員会の研修会に参加しなければならないことが増え、自分の心の休息や必要な研修にかける時間が減っています。

私は、幸いにも、在職中に大学院に行く機会を得ることができました。学生の時は興味もなくさっぱり意味が分からなかった大学の講義が、よく理解でき、本当に面白く感じました。興味をもった講義を受講し、卒業に必要な単位以上に単位を取得しました。それは、大学の講義で教わる理論と、実際に働いて得た経験がつながったからです。現場から離れるのも悪くはないものだと実感しました。

さて、ここまで教師をやめなくても済むための方法を述べてきました。それらを試してみても、どうしても無理だというところまで追い込まれてしまったのなら、思い切ってやめることも選択肢の一つです。いざ教師という職業に就いてみたら、思い描いていたものと違うことに気づいた先生もいるでしょう。その場合は、違う仕事の方が合っているかもしれません。

憧れて教師になった先生、子どもたちといるのが好きだという先生は、教職を離れるのが辛いと思いますが、自分自身が壊れてしまっては元も子もありません。まずは健康を取り戻した後で、もう一度講師に戻ったり、学童やフリースクールなどで働いたりと、子どもたちと触れ合う仕事を探すこともできるでしょう。教師を続けること以上に大切なのは、自分自身の健康を守ることです。

おわりに

　この本を執筆している間に、また悲しい事件が明らかになりました※。２０１３年に急性くも膜下出血で亡くなった福岡市内に勤める小学校教諭の死が、やっと公務災害に認定されたというニュースです。この女性は、本書でも同様のケースについて述べたように、異動した学校でいきなり６年生の担任になりました。そればかりか、生徒指導の主任と学年主任まで任されました。亡くなられる約１か月前からの時間外勤務と自宅での持ち帰り時間は、計１６０時間にも達していたという異常な状態でした。記事によると、このような状態にもかかわらず、管理職は手伝うどころか、仕事を次々に振ってきたそうです。そんな状態で仕事を続けたストレスと過労が、くも膜下出血の原因であるとようやく認定されたのです。職場の状況や詳細は分かりませんが、記事を読む限りでは、むしろ管理職によるパワハラ、人災にあたるのではないかと感じました。

　女性の夫は「無理するな」「いいかげん仕事をやめろ」と言いましたが、真面目な性格と強い責任感から仕事を続けた結果、悲しい結末を迎えることとなってしまいました。病気になったり命を失ったりしては、元も子もありません。残されたご家族の悲しみは、私の想像を超えるでしょう。このような話は氷山の一角で、明らかにされていない事例が日本中にたくさんあると思います。

労働条件に関わる事件を自分の生活と結び付けて考える傾向が、公務員、特に教員は低い気がします。民間ならば売上が落ちて経営に響きますが、公務員の場合は経営や利益には全く関係ありません。私見ですが、教諭も管理職も、労働条件に関する危機意識が低い気がしています。厳しい言い方ですが、最終的にはやはり「自分の身は自分で守る」しかないのです。

本人が不健康ならば、その人の家族も不健康になります。また、担任している子どもたちからも笑顔が消えていきます。教員を取り巻く状況は厳しくなったと言われて久しいですが、その分、自分の労働条件に対する意識を高くもち、厳しくチェックしていく覚悟が必要です。

最後に、本書を手にとってくださっているのは教諭の方が多いと思いますが、できれば管理職の方々にも読んでいただきたいものです。また、本書で述べた私の経験が、少しでもお役に立てば幸いです。

※毎日新聞 電子版 2022年11月11日 20：37配信

付録　保護者の信頼を得る学級通信文例20

保護者との関係づくりにおいて、学級通信は大いに役立ちます。担任としての教育方針や子どもたちへの接し方などを保護者に知らせることで、理解を得る機会にもなります。ただし、字ばかりの学級通信だとなかなか読んでもらえません。字の大きさや配置はもちろん、イラストや写真を入れるなどの読みやすさについても工夫するとよいでしょう。

学校生活について

例1　宿題について

子どもたちには、「宿題は家でやってきて学校に提出して初めて、『宿題をした』と言えます。やったけど家に忘れたのは『宿題忘れ』になります」と伝えました。中には厳しいなと感じている様子の子どももいましたが、次の理由によるものです。
1．家でやったかどうかは、担任には分かりません。
2．学校も小さな社会です。世間でそれは通じません。
ただし、「宿題忘れをしたら、先生は記録に×を付けますが、その日のうちに学校でしたり、次の日に持ってきて提出したりすれば、×から△にします」と伝えました。

例2　持ち物について

学校では、ご家庭で用意していただかなければならないものがたくさんあります。学習道具や図工の材料などです。そのような物がある場合は、できるだけ1週間以上前には学級通信等で連絡しますが、私は忘れっぽいので「明日、○○がいる」と突然連絡することがあります。ご迷惑をお掛けしますが、そのような時はこちらもできるだけの数を準備して、子どもたちには「持って来られる人は持って来てください」とだけ言います。持って来られなくても忘れ物にはしません。逆に、「明日持って行かないと困る」と子どもが前日に突然言い出した場合は、「学級通信を渡し忘れていたな」と思ってください。

例3　学校のきまり：携帯電話について

保護者の方が「心配だから持たせたい」と思われる携帯電話について、本校の方針をお知らせします。本校では許可制をとっています。お子さんに携帯電話を持たせたいと希望する保護者の方は、本校が出している「携帯電話のきまり」をよく読んでいただき、守っていただける場合のみ許可しています。

登下校の時の安全確保やお子さんが家にいる時の連絡等、保護者の皆様にとって携帯電話が便利であることはよく分かりますが、学校全体の運営となると便利さだけでは決められないことがあります。

私の知っている例では、授業中に子どものランドセルから携帯が突然鳴って、授業が中断された、下校途中に携帯が鳴って、話しながら歩いて帰る子どもがいたなど、いろいろなことが挙げられます。集団生活の安全を維持するために、きまりにせざるを得ないことをご理解ください。

例4　布巾の使い方

明日から給食が始まります。給食の時間に、子どもの姿が表れることがあります。今まで担任した学級では、次のようなことがありました。給食の時には、配膳台を使います。この上でご飯をよそったり、おかずを皿に分けたりします。給食の前後には、この配膳台をきれいに拭きます。給食後はこぼしたご飯粒やおかずの野菜の切れ端などが残っています。Aさんが配膳台を拭いていたのですが、まるで車のワイパーのごとく、ご飯粒や野菜くずを周りに落としています。私が注意すると、Aさんは「どうせ今から掃除するからいいでしょう」と言いました。Bさんは、配膳台の周りから拭き始め、中心に向けて円を描くようにご飯粒や野菜くずを寄せました。最後は、布巾でゴミを拭い取るようにして、ゴミ箱に捨ててから洗いに行きました。布巾の使い方一つにも、子どもの個性や普段の生活ぶりが垣間見られます。

例5　「履き慣れた靴」

6年生を担任していた時の話です。修学旅行に出かける朝、あるお母さんが集合場所まで子どもを車で送ってきました、車から降りたその子は、当時流行のちょっと底が厚い靴を履いてきました。確かに持ち物のきまりには、「履き慣れた靴」とだけ書いてあります。私は、「修学旅行は歩く距離が長いから、それでは無理だ。足を挫くぞ」と言いました。しかし、もう履き替える時間はありません。運転してきたお母さんに「お母さん、どうしてこの靴を履かせたのですか?」と聞いたら、「この子が、履き慣れているからこれで大丈夫と言い張って、言うことを聞かないのです」と言って帰ってしまいました。

その靴を見て羨ましがっている女の子もいましたが、「先生、あれで歩ける？」と心配している子どももいました。案の定、法隆寺の砂利の参道で足をくじいてしまい、保健の先生や他の先生に肩を借りたり、長い距離を歩かなければならない訪問地ではバスの中で待ったりする羽目になりました。親は子どもの意見を尊重するばかりではなく、時には注意しなければなりません。

例6　おしゃれなシャツ

これも、6年生を担任していた時の話です。夏のある日、両肩の部分がカットされていて、肩が丸見えになるシャツを着ている女の子がいました。確かに、おしゃれなデザインです。しかし、悪く言えば露出の大きいシャツです。少し気になったのですが、今の時代、男の私が言うとセクハラになってしまいます。そこで、同じ学年の女性の先生に相談しました。その先生は、廊下でその子を見つけるなり、上手に伝えてくれました。

「あら！　オシャレでかっこいいね。でも、世の中には、それに寄ってくる変な人がいるから気をつけて。あなたは悪くないのよ。でも、登下校の時は一枚上に羽織るといいよ」

それ以降、その服を学校に着てくることはありませんでした。本来ならば、これは保護者の方が気づいて言ってもらえるとありがたいです。

家庭生活について

例7　家での仕事

ご家庭で、子どもたちは仕事をしているでしょうか。これが、実は勉強にも関わってくるのです。仕事がいくつかあると、早く片付けようと考えます。その時に、「どの仕事を一番にして…」とか、「洗濯機を回しておいて、その間に…」など、いろいろと仕事の段取りを考えます。この時に「段取り能力」が育成されます。これは、学校ではなかなか身につかない能力です。また、勉強だけでなく将来の仕事にも生きてきます。子どもに仕事をさせると、うまくいかなかったり時間がかかったりして親がイライラとすることはあると思いますが、この力を育てるというつもりで、家で仕事をさせてください。

有名私立の小学校に子どもを入学させたい芸能人が、保育園の子どもの進学塾での体験を語っていました。

「初めの頃、先生は『子どもに食事の手伝いをさせてください』『一緒に買い物に行ってください』ということばかりでした。そこで『先生、いつ勉強を教えてくれるのですか?』と聞いたら、『うちに来るような子どもは、勉強はすぐ覚えます。しかし、この働くことによって身につく能力は、なかなか育ちません。まず、それを育てます』と言われました」

同じことです。やはり段取り能力を育てているのです。これは見えない学力で、家の建築で言えば土台のようなものです。

例8　早起きのコツ

先輩教師と話していた時のことです。

私　「うちの高校生の子どもは、自転車で駅まで行かなければいけないのですが、朝起こしてもなかなか起きなくて、いつもギリギリで困っています」

先　輩「うちも昔、なかなか起きなくて、その上『なんで起こしてくれなかった』と妻に文句を言っているのを聞いて腹が立ったから、こう言ったことがあるよ。『何度も起こした。それで文句を言うとは何事だ。明日から、もう起こさない。目覚まし時計がある。遅刻しても自分の責任だ。自分で起きられない人間は、社会に出ても役に立たない』それからは一切起こさなかった。妻は遅刻しないかと心配していたけれど、私は『一切起こすな！』と言って放っておいたら、自分で起きるようになったよ」

なるほどと思い、私も同じようにやってみました。大慌てで飛び出していった時には、事故にあわないかと心配でしたが、3年間事故もなく無事でした。

それから、私は自分の子どもには、中学生くらいから「○○しろ！」とは言わず、私の考えや方法の選択肢を示して、「お父さんはこう思う。でも、自分のことだから最後は自分で選びなさい」と伝えていました。自分の人生は自分で選べるようになってもらいたいです。

子育てについて

例9　子どもと過ごす時間

若い頃に、どのくらいの時間を子どもたちと過ごしているのだろうかと、計算したことがあります。朝8時半から帰りの午後3時半まで、約7時間です。一週間では、7時間×5＝35時間になります。では、保護者の方はというと、朝2時間に夕方6時から10時とすると1日合計6時間になります。6時間×5＝30時間。平日だけなら保護者の方よりも教師の方が子どもたちと接する時間が長いわけです。このことに気づいた時に、「これは大変だ」と責任を感じました。しかし、自分に子どもができて親になったら、「これは親には到底敵わない」と思ったことがありました。それは、一緒にご飯を食べる、お風呂に入る、寝かしつける、いわゆるスキンシップというものです。これが子どもに与える安心感、一体感の大きさは、とうてい教師にはできないことだと強く感じました。どうかこの時間を大切にしてください。

例10 「親子が一緒にいる時間は、思いのほか短い」

これは、ある住宅メーカーのCMのキャッチフレーズです。私の家の場合、子どもが3人いますが、今は成人して全員家を出ています。私と妻、子どもたち3人が一緒にいた時間を考えてみました。一番上の子どもと一番下の子どもは8才違います。一番下の子が10才になった時に、一番上の子どもは18才で家を出ています。つまり、うちの場合、5人揃っていたのは10年間しかありませんでした。

そこで、なんと短かったんだと気付きました。もっとあれをしておけばよかった、これをしておけばよかったといろいろ思いましたが、手遅れです。小さい子どもがいると毎日の生活で手一杯ですが、保護者の皆様方には、私のような思いをしないように過ごしていただきたいです。

例11　努力は人のためではなく

引っ越し会社のＣＭなどでおなじみの元ボクサーの赤井英和さんをご存じですか。ラジオで面白い話をされていたので紹介します。赤井さんは、中学高校時代は、ケンカに明け暮れていました。高校の時に勉強が嫌になり学校を辞めようとしたことがありました。その時にある先生が「いかん、高校だけは卒業しておかないと、後で困るぞ」と、退学を認めてくれなかったと言います。苦手な勉強に何度も挫折しかけた時にその先生の顔が浮かび、「もうちょっと頑張ろか」と勉強を続けて高校を卒業しました。そして「その時に気付いたんやけど、人は自分のために頑張るのは、しんどくてすぐに折れそうになるけど、人のために頑張る方が続く。その人の顔を思い浮かべると頑張れるんや」と話していました。これには同感です。

意志が強い人は別にして、自分のための努力は折れやすいものです。しかし、誰かの顔を思い浮かべ、「喜ぶ顔が見たい」と思うと、自分のためよりも頑張りが続く気がします。

「お父さんやお母さんのために、僕、もうちょっと頑張るわ」と、言ってもらえたらうれしいですね。残念ながら、私は自分の子どもからは一度も聞いたことがありません(涙)

例12　トマトの話

テレビでトマト農家の方が面白いことを言っていました。その人は、肥料をほとんど使わずに、甘くて美味しいトマトを作ることで有名です。そのコツは、

「ある時期に、水をほとんどやらないことだ」と言っていました。どういうことかというと、ある時期に水をやらないと、トマトは「これは大変だ」と（思うかどうかは知らないけれど）、必死に根を伸ばして水分や栄養分を自分で集めるのだそうです。ただし、その時期を見極めるのが難しく、早すぎても遅すぎても枯れてしまいます。面倒だから、誰もこんな方法はやらないのだと言います。

同じような話を、5年でお米の学習をしている時に、農家さんから聞いたことがあります。「ある時期に田から水を抜くと、稲が根を伸ばす。すると、枯れにくくなるし、台風の時にも倒れにくくなる。しかし、今の若いもんは面倒だからしない。水は入れっぱなしだから台風ですぐ倒れる。しかも、機械が発達して倒れた稲でも刈り取るから、いかんわ」と。これを聞いて人間を育てるのと、全く同じだと思いました。子どもは愛情十分で育てたら、いつの間にか一人前になると思っていませんか。独り立ちさせるのに、厳しくしなければならない時期があるのだと思います。

例13　キタキツネの子別れの儀式

北海道に生息するキタキツネ。可愛い顔で癒やされますね。意外な面を二つ紹介します。一つはエキノコックスという怖い寄生虫を持っています。北海道在住の人は、キツネには絶対触りません。もう一つは、子別れの儀式です。このキタキツネ、子どもが生まれるとお母さんキツネは甲斐甲斐しく育てるのですが、子別れをしなければならない時が来ます。動物の多くは親が狩りの訓練を子どもにさせて、自分で生活できるように育てた後、徐々に始まりますが、キタキツネの場合はある日突然来ます。子ギツネがいつものように、お母さんに甘えに行くと、母ギツネは怖い顔をして子ギツネに向かいます。さらに近寄ろうとすると、歯をむき出しにして威嚇します。それでも子ギツネが近寄って行くと本当に噛むのです。わけの分からない子ギツネは戸惑い、何度も近寄ろうとしますが、母ギツネは引っ掻いたり、噛みついたりします。仕方なく子ギツネは、母ギツネと距離を取り始めます。何度も何度も母ギツネを振り返りながら、離れていく子ギツネを見ていると涙が出てきます。そうしてキタキツネの子別れの儀式が終わります。

なぜ、子別れをしなければならないかというと厳しい北海道の自然が影響しているそうです。母ギツネは自分の餌を見つけるだけでも大変なのです。大きくなってくる子キツネと自分の餌、2匹分は難しいのです。子別れした子ギツネも、約4割しか育たないと言われています。

さて、このキタキツネに憧れて、いつか同じように子別れしたいと思っていたお母さんがいました。問題は、いつ子別れするか。キツネと同じ年では、当然人間は無理。小学校、中学校でも無理。しかし、ついにその日が来ました。長男が高校を卒業して一人暮らしをすることになりました。引っ越しのその日、「じゃあ、行くわ」と言った息子をお母さんは抱きしめて、首根っこを軽く噛みました（笑）その子は驚いたのですが、日頃からお母さんは「いつかキタキツネのような子別れをするからね」と子どもたちに話していたのでそのことかと思い、笑いながら去って行ったそうです。

例14　子どもは親のものであって、親のものではない

これはどういう意味でしょうか。自分が産んだ子どもなら、自分のものだと思うかもしれません。子どもは自分のものだからといって、犬や猫のように売ったり買ったり、自分の思うようにしてよいのでしょうか。当然、ダメですよね。子どもは生まれた時から一人の人間です。親のものであるとともに社会のものでもあります。だから、一人の人間として尊重されなければならないのです。親は、子どもを一人前の人間として育てなければならない義務があるのです。

例15　井村雅代さんの話から

皆さんは、アーティスティックスイミング（シンクロナイズド・スイミング）の指導者の井村雅代さんをご存じですか?　とても厳しい方ですが、テレビで言っていたことに共感したので紹介します。井村さんは、夏休みの時期に「子ど

もシンクロ教室」を神戸市内で長年行っています。朝のニュース番組のテレビインタビューで語っていたことです。

「長年、小さい子どもたちに指導していますが、年々子どもたちがダメになる。特に男の子がダメ。だから、私の教室では言ってはいけない3つの言葉があります。それは、『イヤ、ムリ、デキナイ』」

これを聞いて、全く同感だと思いました。何も嫌なことを無理強いしろと言っているのではありません。学校でやらなければならないことでも、さっきの3つの言葉が子どもたちから出てきます。物事には、やってみると思っていたより面白かったとか、難しかったけどやってみたらできてうれしかった、ということがたくさんありますが、そこまで踏み込もうともしません。これでは伸びるはずのものも、伸びずに終わってしまいます。

例16　老子の格言

「授人以魚　不如授人以漁」

これは、「魚を釣ってあげることより、魚の釣り方を教えることが大切」という意味です。また、これを「日本の親は、釣った魚を子どもにあげるが、外国の親は、魚の釣り方を教える」と言い換える人もいます。確かに、日本では親が「子どもに車を買ってあげた」「敷地内に家を建ててやった」という話はよく聞きます。しかし、老子のいた中国、また、アメリカやヨーロッパの国々では、考え方が違うようです。「釣った魚をあげてもそれで終わり、それより釣り方を教えた方がその後、生活に困らない」「子どもに資産を残してあげるのか、資格や学力をつけてやるのか、どちらが役に立つのか」というように考えるようです。

私の甥（妹の子ども）には、アメリカ人の友達がいます。その子の親はアメリカの銀行の頭取です。写真を見せてもらい、驚きました。映画に出てくるような豪邸に住んでいる大富豪です。その子が大学生の時に、アメリカから日本に遊びに行く旅費を親に無心したら、次のように言われたそうです。「大学の学費は親の義務だから払っているが、お前が遊びに行くお金を、なぜ私が払わなければならないのか？　お金がないなら貸してやろう」と。旅費を出すのではなく、お金を貸してくれたそうです。後日バイトで貯めたお金から返す時に、きちんと利子まで取られたという話には驚きました。大富豪ですから、日本への旅費なんて何でもないはずです。この親は、子どもにお金の価値や稼ぐということの意味をきちんと教えたかったのでしょう。

例17　イギリスのことわざ

「馬を水辺に連れて行くことはできても、水を飲ませることはできない」

馬が水を飲むかどうかは馬次第です。つまり、相手に機会を与えることはできても、それを実行するかどうかは本人のやる気次第であるという意味です。これは、子育てにも当てはまります。「馬を水辺に連れて行く」親は、子どもに塾に行かせたり、習い事に行かせたりしますが、「水を飲ませることはできない」つまり、本人のやる気がなければどうにもなりません。

しかし、中には無理矢理水を飲ませようとする親を見かけます。力をつけてやろうとする親の気持ちも分かりますが、一人の人間として見守ることも大切です。冷たい言い方に聞こえるかもしれませんが、自分の子どもであっても、思い通りにはならないものと諦めることも必要でしょう。

教育問題について

例18　いじめの被害者と加害者

私が若い頃には、「先生、うちの子どもは乱暴者でしょう。人に迷惑をかけていたら、遠慮なく叱ってください」と言ってくるお母さんがクラスに必ずいました。ところが、いじめが社会問題として注目されるようになってから変わってきました。どのお母さんも「先生、うちの子どもはいじめられていませんか?」と質問してきます。中には「えっ！　お宅のお子さんの方が問題なんです」と言いたくなるような保護者からも質問されることが多くなりました。もちろん自分の子どもがひどい目にあっていないかと、心配する気持ちはよく分かります。しかし、いじめをする人がいなければ、いじめ問題は起こらないのです。また、今は加害者となっても悲惨な結末が待っています。このことはあまり報道されませんが、多額の賠償金が親にのしかかります。中には家を売る、一家離散という例もあります。また、違う学校に転校しても今の時代はＳＮＳで広がりますから、すぐ知られてしまいます。「被害にあわないか」という視点とともに、「人に迷惑をかけていないか」という両方の視点をもってほしいと思います。

例19　未成年の自殺

暗い話ですが、これもあまり報道されないことです。日本では令和3年に2万人ほどの自殺者がありました。1日に50人ほどの方が、日本のどこかで自ら命を落としている計算になります。先進国の中では異常に高い数値です。その中で未成年の自殺は、６７１人です。「未成年の自殺」というと、すぐにいじめが浮かびますが、内訳をみると、家庭問題１１８人、健康問題１９９人、経済問題11人、勤務問題30人、男女問題59人、学校問題１９７人、その他57人で、やはり学校問題に起因するのは多いです。さらに学校問題の内訳を見ます。入試23人、進路47人、学業不振57人、教師との関係６人、いじめ９人、友人問題25人、その他３人。つまり、圧倒的に多いのが入試、進路、学業不振。要するに勉強問題なのです。このことから、勉強が心理的に子どもに与える負担が大きいということが分かります。

誤解のないように言いますが、決していじめの問題は些少だとか、学校の責任は少ないとか言うつもりはありません。では、どうして未成年の自殺の原因である勉強問題は、いじめに比べて報道されないのでしょうか。それは世間が興味を示さないからです。高校や大学の校長に「入試に失敗した生徒がいますが、どう思いますか？」と聞くより、「いじめの主犯はどこに住んでいるか」とか「親は何をしているか」という報道の方が、みんなが飛びつくからです。本来は、未成年の自殺の主たる原因である勉強問題を、もっと解決していかなければならないと思います。

例20　気付かれにくいいじめ問題

いじめ問題が発覚した時に、学校側が「いじめは把握していません。調査には上がっていませんでした」と発表しているのをテレビで見ますが、私は「そうだろう」と思っています。実は深刻ないじめほど調査では上がってこない傾向があるからです。いじめが深刻になればなるほど、子どもはそれを言うともっとひどい目にあるのではないかと思って、口をつぐむ実態があります。恥ずかしい話ですが、私が知ったのも保護者に教えてもらったからでした。

一つは、「子どもとお風呂に入っている時に、アザを見つけた」ということで、もう一つは「ご飯を食べていても絶えずメールを気にしている。メールがあると慌てて返信している。おかしい」ということでした。

前者は大人しい男の子で、ボクシングの練習の相手を嫌々させられていたのです。それで、アザができていたのです。後者は女の子で、保護者が問い詰めると「メールをすぐに返信しないと怒ってくるので、いつも携帯を気にしていた」ということでした。

2件とも、いじめの当事者たちはいじめをしているという意識が全然ありませんでした。最初の件は、ボクシングの練習を面白がってやっていたけど、嫌だと言わないからいいと思っていたと話していました。2件目は、返事が遅いと文句を言っていたことは認めましたが、「そこまで気にしているとは思っていなかった」とも話していました。

子どもは「小さい時は手を離すな」「少し大きくなったら目を離すな」「大きくなっても心は離すな」と言います。やはり、保護者の皆様が子どもを一番よく分かっているのです。

著者紹介

楠木 宏（くすき・ひろし）

皇學館大学教育学部非常勤講師。
三重大学教育学部非常勤講師（2023年4月より）。
元伊勢市立小俣小学校教頭。
1956年6月23日生まれ。
三重大学教育学部卒業、三重大学大学院教育学専攻科修了。
三重県公立小学校9校を経て、現職。
主な著書に『指示は1回ー聞く力を育てるシンプルな方法ー』（2016）
『「追い込む」指導ー主体的な子供を育てる方法ー』（2017）
『簡単！ 時短！理科授業の効率アップ術』（2018）
『学級づくりこれだけ！』（2019）
『教師の仕事ここまで！』（2020）がある（すべて東洋館出版社）。

教師をやめたくなる前に読む本

2023(令和5)年1月26日　初版第1刷発行

著者　楠木 宏

発行者　錦織圭之介

発行所　株式会社 東洋館出版社
〒101-0054 東京都千代田区神田錦町2丁目9番1号
コンフォール安田ビル2階
代表　電話03-6778-4343　FAX 03-5281-8091
営業部　電話03-6778-7278　FAX 03-5281-8092
振替　00180-7-96823
URL　https://www.toyokan.co.jp
デザイン　水戸部功
イラスト　赤川ちかこ(オセロ)
印刷・製本　藤原印刷株式会社

ISBN978-4-491-05053-9　Printed in Japan